汉字家族

藏在身体里的汉字

张一清　富丽　陈菲　著

中华书局

图书在版编目(CIP)数据

藏在身体里的汉字/张一清,富丽,陈菲著. —北京:中华书局,2015.1(2015.11 重印)
ISBN 978 - 7 - 101 - 10463 - 9

Ⅰ.藏… Ⅱ.①张…②富…③陈… Ⅲ.汉字 - 通俗读物 Ⅳ.H12 - 49

中国版本图书馆 CIP 数据核字(2014)第 226464 号

书　　名	藏在身体里的汉字	
著　　者	张一清　富　丽　陈　菲	
责任编辑	马　燕	
出版发行	中华书局	
	(北京市丰台区太平桥西里 38 号　100073)	
	http://www.zhbc.com.cn	
	E-mail:zhbc@ zhbc.com.cn	
印　　刷	北京瑞古冠中印刷厂	
版　　次	2015 年 1 月北京第 1 版	
	2015 年 11 月北京第 2 次印刷	
规　　格	开本/710×1000 毫米　1/16	
	印张 14¾　插页 2　字数 120 千字	
印　　数	10001 - 14000 册	
国际书号	ISBN 978 - 7 - 101 - 10463 - 9	
定　　价	32.00 元	

目 录

第三部分 透过身体感受世界 /149

序 言

在现实生活中，我们几乎每天都会和汉字打交道。走在大街上，你会看到广告、标牌；亲戚朋友之间联系，你可能会用手机发信息；了解国内外新闻，你可能看报纸或上网；甚至去国外旅游，你也常常会发现用汉字写的景点介绍。这么看起来，汉字真的可以说无处不在。那么，你知道我们现在看到的汉字，它们在很久以前是什么样子，许多字最初的意思又是什么吗？而且当你了解到汉字也和人一样，彼此之间存在着远近亲疏的亲缘关系；或者就像人以类聚那样，存在着物以群分的族群现象，你会觉得有趣吗？

举例来说，"额"这个字，现在最常用的意思是"脑门儿"；而"题"最常用的意思则是"习题、试题"等等。可是，这两个字在很久以前却是亲戚，都指额头和前额。这种亲缘关系，一来往往在字形上留下烙印，比如这两个字都包含"页"，而"页"在古代表示的就是头部的意思；二来，许多字现在的意思往往是由最初的意思一步一步发展而来，了解它们原来的意思，也就是追究它们的血缘与宗亲，这有助于加深对它们现代意义的理解，如"金榜题名"的"题"，就是因为原先额头的意思包含着高处、顶端等含义，所以逐渐发展出了"在高处书写"这样的意思。

再比如，"寻"和"常"合起来能够表示普通、平常等意思。与此同时，这两个字在古代还都属于计量单位，就像我们现在常常把具有某种共同特征的人叫做"某某族"一样，它们和它们的同类其实也可以被称为"计量族"。

如果能够循宗亲、族群等线索进入汉字世界，最大的好处可能是我们的眼里将不再是一个一个零散的汉字，而是具有一定脉络和关系的汉字网络，这样就可以帮助我们简化记忆单元、减轻记忆负担，从而提高记忆汉字的效率，同时还能引导我们了解汉字背后的文化底蕴。例如"寻"在甲骨文里的字形是人伸展双臂的样子，表示伸开两臂丈量宽度，所以它最初的意思就是一种长度单位。它明确告诉我们，古人最早是通过自己的身体去丈量外部世界的，而且这是人类社会不分种族的共同文化现象。

由此可见，普通平凡的汉字，它们背后却隐含着丰厚的文化底蕴，具有广博的知识背景。而且这些知识对于我们了解汉字、学好汉字，以至避免舛错，都具有非常重要的意义与作用。例如"深孚众望"中的"孚"，常常容易错用成"符、副、负、服"等字。这其中的一个原因就是不理解这种说法以及"孚"字的最根本含义。"孚"是上下结构，上面是"爪"，表示"手"；下面是"子"，表示"婴儿"。合在一起就是用手抓握婴儿，也就是"孵"的意思。而鸟禽类孵化幼崽，其孵化时间都是固定不变的，因此就有"诚信"之义。那么，"深孚众望"以及其中的"孚"正是含有"令人信服"的意思。这样看来，了解字词的本质意义，对于更准确、更有效地掌握汉字，显然具有非常积极的作用。

我们正是着眼于日常生活中汉字应用的方方面面，把我们多年来浸淫汉语汉字和语文教学研究的点点滴滴整理汇集到一起，以分册和章节的形式，和大家谈天说地，梳理汉字的宗亲与族群，分享寻常汉字背后的不寻常。我们希望，学习汉语汉字以及对汉语汉字感兴趣的读者，在学习巩固汉语汉字知识和了解中华文化的时候，能够参考我们奉上的这个类似"枕上诗书"的"汉字家族"系列。

这套图书能够付诸写作出版计划，我们对诸多相关人士怀有深深的敬意与谢意。

首先，我们感觉到自己的确是站在了巨人的肩膀上。书稿的正文以及主要参考文献中，我们列出或提到了在很多方面给我们提供养分的先贤和今贤。真心向他们卓越的贡献致敬，并向他们给予的滋养鞠躬致谢。

其次，我们不得不说，这套系列图书计划的构想与实施，也得益于几个适宜的机会。其中既有我们所承担的科研计划，也有我们参与某项事务的机缘。而在所有这些工作与活动中，教育部语言文字应用管理司姚喜双和孟庆瑜两位先生对我们帮助极大。另外，中央电视台科教频道的金越、万卫两位先生，以及汉字听写大会总导演关正文先生，在与他们合作的过程中，也让我们受益良多。特别是万卫先生，还在我们完全不知情的情况下，为我们和中华书局起了牵线搭桥作用。在此，一并向他们表示诚挚的谢意。

在确定这套丛书编写计划过程中，我们还受到了中华书局宋志军先生、马燕女士的大力支持与帮助。对他们的职业素养和水准，我们心生感佩；对他们的耐心指点与帮助，我们也要说一声：谢谢！另外，还要特别感谢中华书局崔欣晔先生和吴捷女士精心为本书绘制的图片。

最后，我们还要感谢我们的家人胡明女士、彭鹤先生、马金山先生和张牧笛小姐，因为他们不仅给了我们精神和生活上的关爱和帮助，而且也是我们涂鸦之作的第一读者，为书稿的修改提出了许多富有建设性的意见与建议。

　　当然，我们还要感谢这套丛书的读者。希望你们在阅读之余，不吝赐教，对于书中的错漏提出直率的批评并指正。

作者

2014年9月

第一部分

汉字里的「计量族」

第一章　测长短、量深浅

在这个部分你将了解到下面这些字：

寻	常	肘	拃	码	尺	咫	仞	里	步
跬	弓	引	丈	墨	分	毫	秒	丝	忽
微	纤	程	黍						

一　人的身体能作尺子吗

我们先看一则新闻报道：

这种新式装甲车性能优异，巨大的轮胎将近一人高。

上面的报道把人的身高当成了装甲车轮胎直径的参照物。当我们读这则报道的时候，我们的脑海里一定会浮现出一幅"体型"庞大的轮胎画面。那么，大家不妨

想一想，我们会把轮胎的高度想象成什么人的身高呢？会想到篮球巨人姚明吗，还是会想到春秋战国时心智、胆识、言辞俱佳的齐国先贤晏子？

毫无疑问，我们大概不会想到任何一个具体的人，因为看到这样的描写时，我们可能已经习惯性地把这类描写和我们脑海中最普通的、最一般的"人"挂上了钩，例如：一个身高170厘米上下的男性。

同样的道理，当我们读到或听到两指宽的丝带、巴掌大的树叶、胳膊粗细的水柱、拳头大小的窟窿等语句片段的时候，我们联想到的人体器官，也必然是最一般、最普通的尺寸，绝不可能想到婴儿的纤纤小手，或者想到举重运动员的粗壮上肢。

用人体器官间接表示某些事物的大小长短等特征，充分说明了我们经常把人体当作尺子一类工具来使用的事实。然而，大量的历史文献表明，这并不是我们现代人的发明与创造，而是来自远古时代我们的祖先。

➔ "寻常"为什么有"普普通通"的意思

据考证，西汉末年由礼学家戴德所著、并由他的弟子于东汉时期集结成书的《大戴礼记》曾借孔子之口说：布指知寸，布手知尺，舒肘知寻，十寻而索。这几句话的意思很明显，指的是通过伸展、安置人的手或胳膊等，我们就可以了解并确定寸、尺等长度。

事实也正是如此。我们都知道，汉字在甲骨文时代，存在着许多象形字和以象形为基础的会意字，比如上面提到的"寻"，

xún

寻

两个中指指尖之间的距离为1寻

它在甲骨文里面的形体是![甲骨文]。这个字形的左边是一条竖线，右边是一个人张开的双臂，合在一起表示伸展开两只胳膊丈量，意思是从中指指尖算起的两臂之间的距离。正像《小尔雅》中所记录的那样：度寻，舒两肱也。"舒"指的是伸展，而"肱"指的就是人的胳膊。

那么，这里面的"人"指的究竟是哪个时代的人呢？那个时代平常身高的人，他们展开双臂的宽度到底又是多少呢？通过查阅文献资料，我们不难发现，《说文解字》《方言》等古代文献已经明确告诉我们答案了。例如："周官之法，度广为寻。""度人之两臂为寻，八尺也"，等等。也就是说，"寻"是距离今天三千多年以前，西周时期官方确定的一种长度单位，并且专门用于衡量宽窄，确切数值是八尺。

按照今天的长度概念，一米等于三市尺，那么，八尺换算成公制长度，大约等于两米六多一点。仔细想一想，这个结果大概多少会让我们吃惊，因为按照臂展大约等于身高的情况，目前不只是中国，就算全球范围内的各色人种，据了解也找不出一个能达到如此高度的人。那岂不是说，西周时期我们的祖先个个都是巨人吗？事实果真如此吗？

幸亏，我们的祖先给我们留下了许多弥足珍贵的文化遗产，也幸亏现在的考古学研究和文物勘察技术越来越发达。根据考古发掘和研究，我们得知：西周时，一尺约等于现在的23厘米。也就是说，一"寻"大约是180厘米。

古代文献表明，"寻"最初是一种宽度概念，后来则逐渐演变成表示长度、高度或深度的单位。例如唐代诗人刘禹锡的《西塞山怀古》：千寻铁锁沉江底，一片降幡出石头。再比如，当代佛学大师赵朴初先生有《西江月·参观密云水库工程》：铁壁千寻锁浪，碧波万顷如油。

在古代，还有一个长度单位跟"寻"的关系非常紧密，它就是"常"。例如《国语·周语》：其察色也，不过丈墨寻常之间。韦昭注曰：五尺为墨，倍墨为丈，八尺为寻，倍寻为常。可见，"常"是"寻"的两倍，即一丈六尺。

cháng
常

寻　×2　常

"常"本来的意思是"旗子"，也有文献说是"穿在下面的裙子"，后来逐渐有了长度的意思。例如宋代林逋《和才上人春日见寄》：瑶华伸玩情何极，高绝犹如登百常。当然，这里的"百

常"并不是实实在在地表示一百六十丈,而是形容山的高峻。

"寻"和"常"在表示长度概念时关系既然如此紧密,那么,它们一定也会经常性地一起出现。古代文献中的大量用例充分证明了这一点。例如《左传·成公十二年》:及其乱也,诸侯贪冒,侵欲不忌,争寻常以尽其民。全句的主要意思大致是寸土必争。"寻常"在这里表示"不算太大的地方"这种意思。

"寻常"作为一个词,它最初的意思显然与长度、宽度或高度等相关,但是随着大量使用,它的意思也就渐渐地由实变虚,例如辛弃疾《永遇乐·京口北固亭怀古》:斜阳草树,寻常巷陌,人道寄奴曾住。再比如刘禹锡《金陵五题》:旧时王谢堂前燕,飞入寻常百姓家。

上述诗词中的"寻常"仍然暗含着宽窄、大小等空间尺度,但是,由于它所表示的尺度实在是人们在日常生活中频繁所见,因此，它也就具有了"平常、普通"等含义。这也正是我们现在使用"寻常"时的最常用意思。例如巴金《家》：这果然是一个不寻常的消息，众人的心情马上改变了。

"寻""常"作为丈量事物长宽高的计量单位，它们还有一个比较明显的特点是：由于受到来源所限，它们基本上属于自成一体的特殊丈量单位，还不具备成系统的基本计量单位的特征。比如它们的上面和下面就都缺乏和它们具有一定倍数关系的其他丈量单位。那么，我们的祖先是如何解决确定基本计量单位这个问题的呢？

二　谁的身体能成为尺子

在遥远的古代，哪种人或哪个人具备成为尺子的资格呢？

答案应当是明晰的。能被选择成为这样的人，需要具备的必要条件主要有：一是声望高，说出来大家都知道；二是具有一定权威性，能够令人信服；三是具有比较强的影响力，既可以制定标准，还能够推行标准。

毫无疑问，同时具备上述条件的合适人选，莫过于一定区域范围内的统治者。

历史的确是这样。据汉代司马迁《史记·夏本纪》记载：（禹）身为度，称以出。这句话告诉我们，四千多年之前，我们的祖先正是由于把大禹的身体作为度量标准，才产生了称量外界事物的尺度。

大禹，这个名字在中华文明数千年的历史上，其声望、地位和影响，可以说是任何其他帝王或英雄人物都难以望其项背的。他的治水功勋不必细说，单看他在计量方面的贡献，我们就会产生某种承其荫蔽的感受。《诗经·信南山》云：信彼南山，维禹甸之。《孟子·滕文公》亦云：夏后氏五十而贡。"甸"指的是农田的长和宽为八里见方；"五十而贡"，意思是老百姓开垦荒地、自由耕种五十亩，就要向奴隶主上缴五亩的收成。

大禹作为我国从原始社会到奴隶社会过渡时期的一位部落和部落联盟首领，他不仅以自己的身体为尺度，而且推动了度量衡系统和土地等丈量制度的创建和发展，这在当时的历史背景下，无疑具有十分巨大的创新作用和进步意义。

除了大禹，根据文献记载，距今一千三百多年前的唐太宗李世民也有把自己中指的中间一节定为一"寸"的情况。

↔ 相关链接

外国的尺子也和身体有关吗

与我们中国的情况相类似，由于人类智慧的共通性，世界上其他国家、地区和民族也同样存在着用人的身体或身体器官充当计量标准的例证。比如发源于幼发拉底河和底格里斯河的两河流域文明，五千多年前生活在美索不达米亚平原的苏美尔人，他们不仅创造了人类最古老的文字"钉头字"，也称"楔形文字"，而且还创造了一个计量长度的单位"肘尺"。

后来这个计量单位又传到古埃及，古埃及人还用他们创造的另一种古老文字"圣书字"记录了这个长度单位。在圣书字中，"肘尺"就被形象地描画为人的前臂和伸直的手，也称为"腕尺"。而且，据说"腕尺"的长度还被确定为古埃及第四王朝法老胡夫的前臂伸直后从中指顶端到肘部的距离，并被用来计量胡夫金字塔的高度。胡夫金字塔的高度为280腕尺。后来，古埃及人还围绕这个计量单位，进一步将它发展成一个丈量长度的系统。他们把一"腕尺"再细分为七"掌"或二十八"指"，一"掌"等于四"指"。随后再经过发展变化，最后形成了用于丈量土地的计量体系。

再往后，"肘尺"的概念又传给希伯来的犹太人，犹太人也继承了这种长度单位。因此，在犹太人辑录的《圣经》中，"肘"作为长度概念，至今还在多处可见。而且还不仅如此，《圣经》中也有"指或趾、掌、虎口"等长度概念，其中"虎口"相当于我们现在所说的"拃"，即张开手掌后拇指指尖与中指指尖之间的最大距离，约等于23厘米。

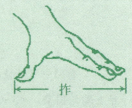

拃

相比于中国、埃及和西亚两河流域的古代文明，欧洲文明要稍微晚近一些。然而，同样巧合的是，不仅古希腊、古罗马的文献中存在着以人的身体器官充当计量尺度的情况，比

zhǒu

肘

zhǎ

拃

mǎ

码

如古罗马人规定一"跨步"等于五只脚的长度，而一千"跨步"则等于一英里；就算是中世纪的欧洲，同样也出现过以国王们的身体或身体器官的尺寸充当丈量单位的情况，而且这种情况还比较普遍。例如：公元9世纪，撒克逊王朝的亨利一世，先把自己手臂向前伸直后，再把从中指指尖到鼻尖的距离定为一"码"；公元10世纪，当时统治英伦的国王埃德加，将其大拇指两个关节之间的长度定为一"英寸"。

也许最有趣的当属13世纪统治英伦的约翰王，他认为度量衡制度事关蓬勃兴起的贸易往来，而相关人员却坐视不理，因此在一次议会开会期间，于会场上踩出一只脚印，要求以此作为一英尺的标准。现在，大英博物馆里收藏的一个度量衡合金框，其空心部分恰好与那位约翰王脚印的长度相吻合。

由此可见，从古至今，无论中外，人类一直是以自己的聪明智慧善用身体，并且充分借助它们去量度客观世界的其他事物。如果我们也能善用自己的身体、善用人类的智慧，这就相当于我们也随身携带了一把能够随时使用的"尺子"，可以用它去解决某些临时出现的丈量问题。

三 尺寸终于成为"家族"

→ 古代的哪些尺寸跟人体有关

以人的身体或身体器官为尺度丈量外界事物的长短、高矮、宽窄和深浅，这是古人智慧的一种生动体现。与此同时也说明，计量系统和度量衡制度在那个时期还处在初步形成的阶段。因为用身体进行丈量，其适用范围毕竟有一定局限。

按照清代段玉裁《说文解字注》里"度"字下面的注释：**周制，寸尺咫寻常仞皆以人之体为法**。这句话告诉我们，在周朝的计量制度中，尺、寸等六种丈量长度、宽度、高度或深度的标准，都是以人体为依据的。那么，现在就产生了几个问题：第一，除了上一节提到的"寻、常"，其他四种单位依据的是人体的哪些部分？第二，这些计量单位，彼此之间的关系是什么？

既然八"尺"为"寻"，那我们就先从跟"寻"有直接关系的"尺"说起吧。

chǐ

尺

"尺"这个字在目前考古发掘的甲骨残片中，一直还没有找到踪影。因此，对它的最初意义的分析，大都依据东汉时期文字学大家许慎的《说文解字》，认为根据它的小篆字形尺，其根本含义是以"标示人的腕部'寸口'，然后明确是'寸'的十倍"来表达，即：人手却十分动脉为寸口，十寸为尺。"却"就是"往后"的意思，现在还有一个成语叫做"望而却步"，其中的"却"就是后退的意思。

然而，据另外一些学者考证，在战国晚期中山国铜板地图"兆域图"中，"尺"的金文字形写作⅂。这个字形明显是用线条画出了人的肢体，然后在线条的特定位置用圆点作标示符号，以传达某种特定含义。那么，这个圆点的位置是要告诉我们什么呢？

由于缺乏必要的文献资料例证，目前对这个字形所表示的确切含义尚未形成一致性看法，但是，认为整个字形"与人的肢体有关"，可以说已经是广泛的共识，基本确定无疑。目前，围绕这个字形的主要解释或推论大致有以下几种：

第一种意见认为，字形中的线条表示的是人的胳臂，圆点标示人的肘部，而普通人从肘部到腕部大约是25厘米，刚好接近周朝"尺"的数值23厘米。第二种意见则认为，线条描摹的应当是人的下肢，圆点位置标示小腿一尺高度的地方。而我们觉得，结合若干古代文献，似乎把圆点解释为表示人腕部的脉搏位置也具有一定合理性。因为如果这样，联系"咫"是指八寸之手，那么，再加上脉搏到手掌和手腕结合部的距离，最终将得出从脉搏位置到伸展的中指指尖，两者之间的距离也基本等于一"尺"的长度。

无论如何，既然古代文献记载"尺"是"以人之体为法"，那么，它在古文字中的形体就一定与人体有关。再者，虽然目前的考古发掘以及对甲骨残片的考证还有待充实和完善，但是，按照比较合理的推断，"尺"在甲骨文中应当已经存在。最后，"尺"与"寸""寻"由于具有明确的倍数关系，它们显然能够形成一种丈量的家族，成为一个系列。例如：

寸 ×10 尺 ×8 寻

关于咫，《说文解字》的解释是：中妇人手长八寸，谓之咫。这里的"中"指的就是处于平均水平，或者说中等程度。

由于"寸"跟"咫""寻"与"常"之间都存在着倍数关系，那么，现在"寸、咫、尺、寻、常"就构成了一种丈量长度、宽度、高度和深度的家族系列。眼下只剩下"仞"暂时还游离在外面。

据《史记·张仪传》索隐记载：度广曰寻，度深曰仞。皆伸两臂为度。度广则身平臂直，而适得八尺；度深则身侧臂曲，而仅得七尺。其说精巧，寻、仞皆以两臂度之，故仞亦或曰八尺，寻亦或曰七尺也。

由此可见，"寻"与"仞"指的是同一种尺寸，只不过最开始的时候各自用在不同的方面，一个是量宽窄的，另一个是量深浅的；而且也正是由于这种差异，"仞"也存在着"七尺"的解释。

好了，至此暂时尘埃落定，古人以人体为法的六种丈量单位已经初步形成家族式体系。

"仞"作为丈量深度的单位，其实它也能够表示高度，例如《尚书·旅獒》：为山九仞，功亏一篑。山高九仞，也就相当于七八层楼的高度，这充其量算是个小山包。然而，这里的"九仞"仅仅是一种比喻，只代表高，并不意味着实实在在的高度。另外，西晋左思也曾在《咏史》中写下豪情万丈的不朽名句：振衣千仞冈，濯足万里流。其中的"振衣"指的是抖落衣服以除去灰尘，而"千仞"同样不是指实际高度，而是比喻用法。

说到这里，其实还有一点遗留问题，那就是既然六种丈量单位都是以人体为法，而我们也知道"常"的数值是一丈六尺，这和其他五种显然有差别，因为它不可能由人体或人体器官直接丈量，而是采取了间接的加倍方式。因此，将"以人体为法"理解成"以人体或人体器官的尺度为基础"大概更妥当一些。

寸　咫　尺　寻（仞）　常

上面六种丈量单位构成的家族，老大是"常"，老幺则是"寸"。但是，不论以任何时代丈量的实际需求看，这几个单位都只能应付最基本的应用。

➡ 比较大的尺寸是怎么量出来的

先说单位大的一头。只要涉及动态的远近距离测量等，那么，"寻"和"常"能承担的大概只能是间接地表示，而现实中却可能需要针对性更强的长度概念与单位，比如尺度更大、更长的单位。再看单位小的这一头。针对某些颗粒状、窄条状一类细小的东西，无论"尺"还是"寸"，大概都难以胜任这样的丈量任务。因此，丈量家族的繁衍与扩充势在必行。

在这个方面，我们的祖先又一次表现出非凡的智慧与创造力。

根据目前能够收集到并整理出来的古代文献资料，比"常"还大的单位，只有"里"和"引"。这里说的是表示长短远近概念的"里"，并不是表示里面外面概念的"里"。

先说现在仍然当作计量单位使用，大家也比较熟悉的

lǐ

里

"里"。"里"在金文中的形体是"上田下土"，本来指居住的区域，进而表示某种居民组织，例如《周礼·地官》：五家为邻，五邻为里。也就是说在当时，二十五户人家就构成了"里"。这个意思如今还保留在我们的生活中，比如一些城市的居民区叫"某某里"，南方一些城市把街巷叫"里弄"等。后来"里"也逐渐用来表示距离，例如《正韵》：今以三百六十步为一里。

这个解释提供了必要的信息，同时也留下了需要进一步查证的疑问。它提供的信息是："里"下面的丈量单位是"步"，这已经超出了前面提到的六种单位，又出现了一种新的丈量长短的概念。但是，"步"到底指的又是多大的尺度呢？这就是需要解开的疑团。

"步"的甲骨文字形是 🐾。它描画出一前一后两只脚，表示迈步行走。例如《战国策》：晚食以当肉，安步以当车。"安步"就是安稳缓慢地行走。再比如毛泽东《水调歌头·游泳》：不管风吹浪打，胜似闲庭信步。"信步"的意思就是漫步，随意行走。

由此可见，"步"的长度一定与人的步幅有关。那么，一个普通人在平时正常行走情况下，他一步能迈多远呢？特别是这个"人"还是我们古代的祖先。

根据历史文献，首先，我们老祖宗说的"步"是指左右脚往同一个方向轮流各迈一次，而任何一只脚迈一次只能叫"跬"。其次，由于我国历史上各个时期的度量衡标准不统一，因此，说"步"等于五尺的也有，说等于六尺的也有，

任何一只脚迈一次只能叫"跬"

bù
步

kuǐ
跬

还有的说等于八尺。根据不同时代"尺"的标准换算下来，"里"在不同时代指的具体距离也不太一致，大约在四百多米到六百米之间。而我们现在用的"里"，是一种市制计量单位，等于一公里的一半，500米。

$$\text{跬} \xrightarrow{\times2} \text{步} \xrightarrow{\times360} \text{里}$$

另外，"步"还有一个同一尺度的计量名称叫"弓"。这个单位有两种可能的来源：一是与一种丈量土地面积时使用的工具有关，例如《度地论》"二尺为一肘，四肘为一弓"；二是与弓箭的弓有关，例如《仪礼·乡射礼》疏"六尺为步，弓之古制六尺，与步相应"。现在，计量长短的单位又增加了"里、步、弓、跬、肘"5个，整个家族已经有11个成员了。

gōng
弓

我们接着来看"引"。"引"字的左边是个"弓"，莫非这个字与弓箭有关吗？的确是这样。《说文解字》对"引"的解释是：开弓也。意思就是把弓拉开。例如《淮南子·说林训》：引弓而射。后来这个字又有了表示长度、距离的含义。例如《汉书·律历志》：其法用竹为引，高一分，广六分，长十丈。这句话表明"引"是"丈"的十倍。

yǐn
引

"丈"我们大家都太熟悉了，现在也还在使用。而"引"表示"十丈"的意思只是古代的一种用法，大家读古书的时候可能会碰到，现在这个意思已经不用了。

zhàng
丈

"丈"在小篆里写成"十"字下面一只手彐，意思是"十尺"，这和今天尺丈之间的关系是一样的，只不过具体的数值就像我们前面已经提到的那样，不同时期有不同标准。

尺 ×10 → 丈 ×10 → 引

mò
墨

跟"丈"关系比较密切的，古代还有另一个计量单位叫"墨"。谁都知道，"墨"主要表示文房四宝笔墨纸砚中的"墨"，同时也指像墨一样的黑色。那么，它是怎么与丈量单位挂上了钩呢？原来，做木工等活计的时候，为了准确和精确地分割材料，古人发明了一种叫做"墨斗"的工具，使用时把墨绳从墨斗中牵引出来，固定好两头后，稍微向上轻轻拉起墨绳，然后放手令墨绳在需要分割的材料上弹出黑色直线。这样，就可以以墨线为准对材料进行分割了。现在，一些采用手工加工木器的行业可能还保留着这样的传统。根据这种情况，按照比较合理的推断，墨绳的长度大概在最初趋于一致，就像《小尔雅》中记载的那样：五尺为墨，倍墨为丈。也就是说，"墨"的长度是"丈"的一半，五尺。当然，"墨"的这种意思和"引"一样，也只是保留在古代文献中，现在已经不用了。

墨斗

➡ 极微小的尺寸又如何表示

刚刚介绍"引"在古代当作丈量单位使用的时候，其实已经又引入了一个丈量单位——分。原文是"高一分，广六分"，说的是高度和宽度。那么，"分"又是一个什么样的尺寸呢？

"分"由"八"和"刀"构成。"八"在甲骨文中的字形是)(，表示的就是把完整的东西分成部分，它后来表示七和九之间的数字，那是借用，只不过借用后的意思，势力太过强大，反而喧宾夺主，成了现在最常用的意思。"刀"我们都已经非常熟悉了，它是厨房等场所的主角，其主要功能就是分割原材料等。可见，"分"在古代最初的意思就是分割，把东西分成部分。那么，它既然可以表示把完整的东西划分成部分，自然也可以表示把一个计量单位细分成更小的部分。"分"表示的正是"寸"的十分之一。

如果说"引"和"里"是把尺寸这个家族系列往更大单位扩展的话，那么，"分"则是令整个家族走向更小的计量单位，往更细微的事物丈量方向延伸。

在古代，比"分"尺度更小的计量单位还有："纤、微、忽、丝、秒、毫、厘"等。这里面，除了"忽"，其他几个，在现在表示与计量有关的词句中，都不难看到它们的身影，只是"秒"好像更多用于时间的计量。

我们就从大到小说起吧。"厘"表示"分"的十分之一，也就等于"寸"的一百分之一。依次往下，以"寸"为参照，"毫"是千分之一寸；"秒"和"丝"一样，都是万分之一寸；"忽"是十万分之一寸；"微"是一百万分之一寸；"纤"最小，表示一千万分之一寸。

纤 微 忽 秒（丝）毫 厘

千万分之一寸，这是什么概念哪！而且是在数千年之前。我们的祖先在那时就已经形成了如此细微的丈量单位。坦白地说，过细的丈量尺度已经远远超出了肉眼的可视范围。放大镜出现的最早记录是在13世纪意大利旅行家马可·波罗的《马可·波罗游记》中。他在里面曾经描写看到中国的老人们戴着一种能够放大字体的眼镜。而显微镜的发明则更晚，虽然目前说法多样，比如一些小学语文课本选入的课文《玩出了名堂》，里面提到16世纪末荷兰的一个看门人列文虎克偶然发明了显微镜；而一些科学史料则说是16世纪末荷兰的一名眼镜商詹森最先发明了光学显微镜……不管怎样，反正在"微、忽"等表示尺度概念的时候，它们所表示的单位已经完全超出了当时能够观察和计量的条件，大概只具有数学计算的功能。这从另一个角度说明，古人的系统观念非常强，同时也十分严谨，因此才会创建出某些比较完整的体系，虽然其中可能包含一些暂时闲置的成员。此外，我们也不得不佩服祖先们的超强预见才能，因为在几千年之后，凭借当今科学技术，比"纤"更小的尺度，我们人类照样也可以完成观察和计量。

　　这些表示细小尺度的汉字，如果细究它们的古文字形体和字义，实际上大多数字都能找到表示细微尺度的源头和轨迹。

　　"毫"本来的意思是鸟禽"细而尖的毛"。例如《老子·道德经》：合抱之木，生于毫末。可以想见，鸟类羽毛该是多么微小的尺度。

　　"秒"原本指谷物子实外壳上的芒，比如我们比较熟悉的麦芒，所以是禾木旁。这在感官上的确是比鸟类细毛更微小的尺寸。

　　"丝"指的就是蚕丝，它与"秒"是不同时期对同一种计量概念的不同说法，直觉上确实与"秒"基本相当。

"忽"本来的意思是"忽略"，但是后来借用它表示一只蚕所吐的丝，所以就有了表示粗细的含义。按照古人说法，十只蚕所吐才能算做一"丝"，所以十"忽"等于一"丝"。

"微"的基本含义是"隐秘地行走"，后来的细微之义不知道是不是由隐秘不可察而来，或许这样的推想也存在着一定的合理性。

"纤"本来的意思就是"细小"，至于小到什么程度，大概只能是相对而言。例如《三国志·诸葛亮传》：善无微而不赏，恶无纤而不贬。这句话的大致意思是：对善的举动，没有因为微小而不赏赐；对恶的行径，也不会因为细小而不贬责。

从这些细微的度量单位中我们可以发现，它们都与我们最初谈论的人体关系不大。其实，跟人体相关的也存在着某些细微的度量标准，例如与"毫、秒、丝"意思相近的就有人的头发。从文献记载中不难发现，我们的祖先的确也曾经把头发的粗细当成计量微小长度的尺度，例如《说文解字》：十发为程，十程为分，十分为寸。也就是说"发"是"寸"的千分之一，尺度方面与"毫"相等，以至于现在也还经常听到或看到"胜负就在毫发之间"等说法。

发　×10 → 程　×10 → 分　×10 → 寸

由于"发"的原因，我们又了解到古代另一个计量单位"程"。依照上面的说法，它表示的尺度是百分之一"寸"，与前面提到的"厘"相当。但是，"程"这个意思也只是留存于古代文献之中，现在已经不再使用了。然而，正是由于"程"曾经表示计量标准的意思和用法，它在古代也衍生出计量标准的含义，泛指一切度量衡标准。比如现在我们还说"计日程功"，这里的"程"表示的就是度量标准。整个词语的意思是：可以数着日子计算效率，用来形容事情进展顺利，前景光明，成功之日可期。例如毛泽东在党的七届二中全会上的报告：中国的兴盛是可以计日程功的。这里万万不可把"程"误写成"成"。

说完了与人体相关的"发"以及"程"，由"秒"我们又想到了与农作物有关的另一个古代计量单位"黍"。《汉书·律历志》：以子谷秬（jù）黍中者，一黍之广，度之九十分，黄钟之长。这句话告诉我们的最重要信息是："黍"被用作计量单位的尺度，它的具体数值是一"分"，也就是十分之一"寸"。另外，"黍"这种尺度的依据包含着几个关键要素：第一，它指的是一种叫做黑黍的作物，即"秬"；第二，它并不是指哪一粒具体的黑黍，而是指不大不小的那一类，即"中者"；第三，这个尺度的确定还借助了另外一种器物，即"黄钟"。黄钟是我国古代出现极早的一种管状乐器，本身也是定音律的一种乐器，长九十分。因此，按照直线排列中等大小的黑黍，至九十粒时，由于其累积长度或宽度基本与黄钟的管长持平，那么，平均下来，一粒黑黍的宽度刚好等于一"分"。

黄钟

把上面提到的古代计量单位汇集到一起，我们可以获知，古人丈量长短、宽窄、高矮、深浅的单位大致有"纤、微、忽、丝、秒、毫、发、厘、程、分、黍、寸、扶、咫、尺、肘、跬、墨、步、弓、寻、仞、丈、常、引、索、里"等二十余种。这些单位之间，有的是直系血亲，有的是旁支或姻亲，它们共同构成了我国古代丈量长短等一维空间的计量标准世家。

当然，我们这里谈论的这个家族体系，是就我国古代各个历史时期综合情况和总体情况而言，至于个别历史时期的特殊情况，的确还有不少，比如夏商周时期的长度计量单位还包括"端、两、匹、疋（按照现行规范，是'匹'的异体字）、束"等；而清朝康熙年间御制《数理精蕴》制定的长度单位中还出现过"沙、尘、埃、渺、模、模糊、逡巡、须臾、瞬息、弹指、刹那、六德、虚实、清净"等。只是这些计量单位的时代性似乎都比较强，有昙花一现的感觉。例如，1975年2月陕西省岐山县董家村出土的西周时期"九年卫鼎"铭文中，记载了这样一句话：舍矩姜帛三两。意思是，给矩姜（一位名叫"矩"的男子的夫人）三两上好丝绸。其中的"两"可不是指重量，而是说长度。据考证，一"两"等于四丈。

↔ **相关链接**

尺寸的意义延展

寸 "寸"由于所表示的尺度含义从一开始就与人体具有密不可分的关系，所以，"方寸心""方寸"意指人的心脏和心绪就成为水到渠成的结果，这里面既有尺度方面的契合，也有与人体相关的缘由。此外，"寸"由于其尺度含义，在充当构字偏旁时，往往使新构成的字也具有法度、标准的意思，例如"封、寺"等字，"封"最初的意思就是指封地，而封地的产生显然是与分封制度联系在一起的。"寺"最初的意思也并不是指庙宇一类的地方，而是用于官署名称，如执掌审核刑狱案件的"大理寺"本身就是执行法律规定的机构。

尺 "尺"具有标准尺度之后，由于古代书写材料的原因，竹简、木牍和绢帛等都曾被裁剪成大小符合"尺"的片状材料，以便在上面书写文字。因此，古汉语里面出现了许多如"尺素、尺牍、尺简"这样的词语，这些词语由最初表示具体尺寸的绢、简、牍等，后来也逐渐衍生出其他含义，其中一种含义表示的是"书信"。例如清代词人纳兰性德《采桑子·白衣裳凭朱阑立》：残更目断传书雁，尺素还稀。寥寥数语，作者孤单寂寞并企盼远方书信的心情便跃然纸上。

竹简木牍

丈 "丈"由于其尺度概念，后来衍生出一个词语是我们大家都非常熟悉的，那就是表示寺院住持的"方丈"。这个词原本指一丈见方，后来指寺庙里面僧尼长老、住持居住的斗室，再往后也可以指住持本身。实际上，古代还有一个类似的词语叫"函丈"。它最初的意思是传授知识的先生和接受知识的学生之间相距丈余，也就是讲台与课桌之间的距离大约一丈。后来慢慢也衍生出表示传道授业解惑的先生的意思，既可以指自己的老师，也可以指前辈先贤。例如明朝徐渭《答龙溪师书》：冒妄之深，伏希函丈裁之。意思就是非常冒昧，企盼先生定夺。

第二章　从长短到大小、多少

在这个部分你将了解到下面这些字：

板	堵	雉	亩	顷	分	厘	升	斗	合
龠	石	豆	区	钟	筲	斛	缶		

一　古人如何量大小

前面谈到的"尺寸"等计量单位基本上都属于一维空间的丈量范畴，也就是只涉及点和线段的计量。而在现实生活中，我们遇到的计量问题远不限于这一个领域，比如我们购买家具时必须考虑房间的大小；旅游或出差携带衣物时一定要估计行李箱的大小。处理这些日常问题时，要解决的一般就属于二维或三维空间的计量问题了。房间大小和家具的关系，基本上是二维平面的面积问题，买什么家具、买多少件，要取决于房间的地板面积和家具的占地面积；而行李箱大小和衣物的关系则属于三维空间的容积问题，带什么衣物、带多少件，要取决于行李箱本身的容量和衣物所需要占用的空间。当然，不论是二维的平面空间还是三维的立体空间，它们的计量都要以一维丈量为基础。

➡️ 墙的面积的测量

　　"板"和"堵"都是古代筑墙时专门的计量尺度，因为建筑土墙需要外面先用木板夹挡，然后里面填土并夯实，这样才能一截一截地往高增长，最终形成墙垣。一般说来，每个时代，其筑墙用的木板基本上都是统一制式，大小尺寸肯定是一致的，因此，"板"就成了丈量墙的一种单位，而它又与"堵"存在着稳定的关系，所以"堵"也就具有了丈量墙体的固定意思。例如《诗经·鸿雁》毛传：一丈为板，五板为堵。表面上看，这句话的意思很明确，"板"指的是一丈，"堵"则等于五丈。而实际上，这种理解是不正确的。根据古代其他文献，筑墙时用的"板"，其标准尺寸为二尺宽、一丈长，使用时是横向模式，也就是相当于长一丈、高二尺，这样夹在两块木板中间的土才便于夯实。因此，"板"其实也有面积含义，"一丈为板"只是言其长度；而"五板为堵"则真的是面积概念了，指的是五块标准木板横向往高叠加在一起，刚好是一丈见方，也就是"堵"。

　　这两个单位，特别是"堵"，基本上可以认为是面积单位。比如我们现在听到"一堵墙"或者"观者如堵"的时候，脑子里浮现出来的一定会是一面墙，或者像一道墙一样的人群，而不太可能仅仅出现墙的长短，或者只是浮现出墙的高矮。

　　"板"指的是长一丈，高二尺；"堵"则是宽和高各一丈，也就是一平方丈。那么，从面积来看，"堵"是"板"的五倍。"堵"最初的意思就是指墙，例如《诗经·鸿雁》：之子于垣，百堵皆

bǎn

板

dǔ

堵

作。意思是，那个人服劳役，卖力地建筑墙垣，已经筑起了很多墙。后来，因为它本来就有墙的意思，所以也就顺其自然地产生了表示墙体面积的含义。

另一个表示墙体面积的单位是"雉"。它是"堵"的三倍，即三丈长，一丈高，面积是三平方丈。

板 ×5→ 堵 ×3→ 雉

"雉"本来的意思是指锦鸡一类的野禽。后来出现了一个表示墙垛意思的词语"雉堞"，这是城墙一类建筑的传统制式，估计与其外形近似群鸟落于墙头的景观有关。因此，再往后，"雉"本身也就逐渐有了表示墙体面积的意思。例如田汉《卢沟桥》："桥的另一端可以望见崇墉百雉的宛平城。"这里的"墉"指的是城墙，"崇墉百雉"则形容城墙的高大、壮观。

zhì

雉

城墙与等级的关系

在我国古代，城墙的制式往往与该地统治者的等级相关。比如春秋时一国之君的特权之一就是，国都的城墙可达百雉，也就是三百丈；而那些受其分封的臣属，他们所镇守的城池，城墙的大小一律不得超过这个尺度。围绕这种规定，根据《左传·隐公元年》记载，还曾经发生过一桩公案，就是《郑伯克段于鄢》。《左传》原文中有这样一段话："祭仲曰：'都，城过百雉，国之害也。先王之制：大都，不过参国之一；中，五之一；小，九之一。今京不度，非制也，君将不堪。'"这段话的意思是：当时郑国君主庄公的一位大臣祭仲说，臣属受封的城池，如果城墙超过百雉，将是国家的祸患。因为按照先王定下的规矩，大的城池，其城墙不能超过国都的三分之一；中等的，不能超过五分之一；规模再小的，不能超过九分之一。而现在，共叔段受封的"京"，城墙规模不符合应有的尺度，破坏了先祖的制度，因此，将会使国君处于难堪境地。而实际上，破坏城墙体量等级制度的共叔段确实对其同父异母的兄长，即当时的国君庄公不服，最后引起君王的猜忌和不满，引来杀身之祸。

城墙面积所表示的体量规制，对应着统治者的相应等级，而另一个有关的要素就是封地的面积。而且，土地面积不仅仅关系到一城一地的统治者，它与黎民百姓的生活也是息息相关的。

➡ 我们怎么知道一块地的大小

古代最常用，并且一直沿用到今天的地积单位基本上有两个——"亩"和"顷"。现在，一"亩"地的精确计量标准是60平方丈，约等于667平方米；而"顷"则是"亩"的100倍。当然，我们这里说的是市制单位，并非"公亩"和"公顷"。

mǔ
亩

"亩"的字形中包含"田"字，显然与田地有关，而它的意思本来就是表示田地面积的。然而，需要注意的一点是，由于我国历史上不同时期的计量标准不统一，所以我们读古书的时候，在不同文献中遇到的"亩"，可能具体大小也是不同的。正如《韵会》所记述的："司马法，六尺为步，步百为亩。秦孝公制，二百四十步为亩。"而宋朝理学家程颐也曾经说过："古者百亩，止当今之四十亩；今之百亩，当古之二百五十亩。"另外，古文献中，"亩"或许写作"畞"，而后者现在已经作为异体字停止使用了，只是保留在古代文献典籍中。

qǐng
顷

"顷"的字形中包含"页"字，而"页"原本指头部，因此，"顷"本来的意思是"头不正"，后来才被借来表示土地面积，就像《玉篇》中所表述的：田百亩为顷。

fēn
分

在"亩"和"顷"之外，还存在着一些或大或小的丈量土地面积的单位，比如现在仍然在使用的"分"和"厘"等。这两个字，作为计量长度的单位在前面已经谈到过，它们表示面积的时候，"分"等于十分之一亩，而"厘"等于百分之一亩。

lí
厘

比"厘"小的面积单位有"毫、丝、忽、微、末"等。只不过这些单位大都只具有理论上的意义，应用价值有限。

据报道，2013年7月29日，一张载有我国最小面积单位的地契实物现身河北保定，该地契立契日期为一九四一年十一月二十二日。此地契长44厘米，高39厘米，为棉麻纸质地，上面写有：立卖契人贾文泉因手乏用，今将自己家捌分三厘一毫三丝四忽三尾七末的一块地，卖与郭清俊名下耕种。那么，一"末"到底有多大呢？通过换算，大概都比不上一分钱的硬币。这样的"斤斤计较"，一方面表明广大农民对土地的珍惜；另一方面，也说明签约人的契约意识，一丝一毫都力求严谨清楚，不留后患。

比"顷"还大的单位，据文献记载也出现过若干个，例如"井、句烈、距"等等。"井"本来就与古代的"井田制"相关，后来也就产生了表示土地面积的意思。根据《孟子·滕文公》，它具体指九百亩。而"句烈"是"井"的三倍，"距"又是"句烈"的三倍。

不论是土地面积，还是墙体面积，这一类二维平面的丈量都要以一维的长度等丈量为基础。同样的道理，涉及物体的三维体积或容积等测量，也都是以一维丈量为基础的。

二　古人怎样称多少

我国古代的三维丈量系统比较复杂，一是计量单位多，二是不同时代差异较大。我们先从一些比较通用的单位说起。

作为以农业为本的国家，我国从古代开始就非常重视称量粮食的量器。古代最著名的有战国时期的"商鞅方升"。的确，升与斗，是从古至今最常见的两种粮食量器。

升和斗的金文字形非常相似，分别是  、

商鞅方升

。两个字都是通过描画形状的方式，表示带有长柄的瓢状容器。所不同的是，升的容器里多了表示盛有物品的线条。两者容量方面的关系是一斗等于十升。那么，一升又是多少呢？

正像我国历史上各个时期的"尺"长度并不一致一样，"升"的容量在不同历史时期也是不统一的。根据目前考古等学科的研究，夏商周时代的"升"折合成现在的计量标准，约合200毫升，也就是现在一次义务献血的量；那么，一斗也就是2000毫升，大致相当于四瓶一斤装白酒的量。

➡ 比"升"小的容积单位

比"升"再小的容积单位，根据不同历史时期的文献记载，大致上还有"合、龠、勺、抄、撮、圭、粟、黍"等。另外，清朝末年制定的计量标准中，还出现了更小的"颗、粒、稷、禾、糠、备、秕"等单位。

"合"表示容积的时候，读作gě，不能再读成"合作"的"合"。它是跟"升"距离最近的小一号容积单位，十合为一升。

"合"的金文字形是 。上半部分本身就是一个"亼"字，这个字读作jí，意思是"覆盖"或"聚拢"等。它和下面的"口"合起来表示"合拢、闭合"等意思。那么，这种类似容器加上一个盖子的字形，以及最初表示"合拢"的含义，或许也是"合"具有容积意思的一种缘由。

"合"的下一级单位是"龠"。例如《汉书·律历志》：龠者，黄钟律之实……容千二百黍，合龠为合。再如《集韵》：两龠为合。两部文献中的表述，主要意思都是把两个"龠"合在一起就是"合"。当然，在西汉经学家刘向的《说苑·辨物》中，他说的是"十龠为一合"。

刘向的小儿子，西汉晚期经学家、数学家刘歆曾经尝试在长度、容积和重量三种度量标准之间找出对应关系。他以乐器黄钟律管为标准，设定其长度为九十分，即九寸，计算出容积为810立方分，称之为一"龠"。然后在律管内填充黍粒，共填充一千二百粒，称重后得半两。这样，按照他的考校，依西汉尺的长度约23厘米换算之后，可得：一"龠"约等于10立方厘米。再根据一"升"等于200毫升，除以10可得：一"合"是20毫升，而一"龠"则为10毫升，也就是10立方厘米。由此可见，两千年前的先贤们在科学领域的造诣之深。遗憾的是刘歆所著《钟律书》等已经散佚，直到如今还是踪影全无。

比"龠"还小的容积单位，一般都直接与"合"形成倍数关系，而且不同时代文献中也存在着一定差异。例如《孙子算经》："量之所起起于粟。六粟为一圭，十圭为一撮，十撮为一抄，十抄为一勺，十勺为一合。"再如《汉书·律历志》注：六十四黍为圭，四圭为撮，十圭为一合。两部文献中，"圭"与"撮"，"圭"与

"合"的大小关系一致，但是倍数关系都不一致。这是由于时代或领域不同，量器以及计量标准都产生了变化所致。

上述这些计量单位中，从用字情况可以看出几种不同的类别：第一种是具备盛取物品功能的器物，比如"勺"；第二种是农作物，比如"粟、黍"；第三种是用手聚集、抓取等动作，比如"撮、抄"；第四种是本身就表示法度，比如"圭"本来就是表明等级体制的礼器，后来就有了"标准"的含义，例如："圭表、奉为圭臬"。

通过用手聚集的方式表示计量尺度，除了"撮、抄"，历史上还曾经用过"掬"。例如《孔丛子·杂训》：两手曰掬，一手曰溢。这句话的意思很明确，使用一双手聚拢的量叫做"掬"，而一只手聚拢的量则称为"溢"。可见，"掬"是"溢"的两倍。但是，关键问题是这两种尺度比较准确的数值是多大呢？根据历史文献记载，《仪礼·丧服》注：二十四两曰溢，为米一升，二十四分升之一。"溢"大约是二十四分之一升，那么，"掬"自然就是十二分之一升了。

➡ 比"升"大的容积单位

dàn

石

需要注意的是，这里的"石"必须读作dàn，跟石头没关系。根据《说苑·辨物》：十升为一斗，十斗为一石。

和"升、斗"主要用于称量粮食一样，农民面朝黄土背朝天辛劳一年，无时不在盼着秋天的收获，而在收获季节，"石"正是衡量收成的最常见计量单位。例如《汉书·食货志》："今一夫挟五口，治田百亩，岁收亩一石半，为粟百五十石。"可见在当时，种百亩农田，每亩只能收获一石半，一百亩也不过一百五十石，亩产量大概刚够装满现在一辆微型汽车的油箱，而且这些收成可能还要交租、留种子，如果再考虑脱粒等因素，我们大概就能粗略体会作为黎民百姓的祖先们生活的艰辛。

其他比"升"大的容积单位还有一些，尤其是春秋战国时代，各诸侯国除了使用若干比较通用的单位，还有一些是各国独有的。在这些计量单位中，使用比例最高的是那些本身就表示容器的汉字，比如"斛、豆、区、釜、钟、缶、盆、桶、筲"等。

豆

这里面有几个字需要说明一下。

"豆"的甲骨文字形为豆。很显然，这就是一个容器的样子。它最初的意思也的确是指一种用来盛肉食的器皿。例如《周礼·考工记》：食一豆肉，中人之食也。意思是，吃一"豆"肉，也就是普通人吃一顿的量。这里可不能理解成吃豆子和肉，更不能理解成吃一粒豆子那么大小的肉。

"豆"有解释成"斗"的，例如《周礼·冬官考工记》注：豆，当为斗；也有解释为"四升"的，例如《左传·昭公三年》：四升为豆。

"区"作容积单位时要读作ōu，而且在古代，"区"读ōu的时候表示的就是一种容器。实际上，"区"字外面的字框"匚"，在古代就表示箱子一类的容器，读作fāng。

"钟"除了表示钟鼓的钟，也指古代的一种酒杯，相当于现在常用的"盅"。例如《西游记》：小龙接过壶来，将酒斟在他盏中，酒比钟高出三五分来，更不漫出。

"区、釜、钟、豆"之间关系紧密。按照《左传·昭公三年》："豆区釜钟，四升为豆，各自其四，以登于釜，釜十则钟"，它们的倍数关系是："四豆"等于"一区"，"四区"等于"一釜"，而"十釜"则等于"一钟"。也就是"区"等于十六升；"釜"等于六十四升，即六斗四升；"钟"则等于六十四斗。

"筲"是春秋战国时期楚国用过的一个容积单位，本来的意思是指一种竹筐，现在我国南方许多地方还有"筲箕"这种日常容器。

这些最初表示容器的汉字，当它们用作计量单位之后，就具有了确切的容积，只不过有些单位所指的容量可能会随时代不同产生某些变化。

"斛"在南宋之前大致指"十斗"，南宋后一般指"五斗"。

按照《小尔雅》注："缶，四斛也"，应该等于"四十斗"。再细看《小尔雅》的相关内容，"釜二有半谓之薮，薮二有半谓之缶，缶二谓之钟"，可以得知，两个半"釜"的容量就是"薮"，而两个半"薮"的容量就是"缶"。参照《左传·昭公三年》，"釜"等于六十四升，则有：缶＝（薮）[（釜）64×2.5]升×2.5＝400升＝40斗。这个结果刚好与《小尔雅》的注释互相佐证。

缶

"盆、桶、筲"都是春秋战国时期各诸侯国曾经使用的容积单位，根据文献记载，"盆"的容量是十二斗八升；"桶"是六升；而"筲"则是五升。此外，那个时代还使用过据记载容量等于十六斗的"庾"，等于四石的"鼓"和等于一百六十斗的"秉"。

而且据说还出现过鲜少查到文献记载的"魁、旬、溫、耗"等。

　　由此可见，容积的度量标准在我国古代是多么重要，历朝历代在这个方面都有所建树，其目的显然直接服务于农业生产。毫无疑问，这种传统就是对于当今社会，也具有十分重要的借鉴作用，而我国政府历来极其重视度量衡标准的制定以及与国际社会的接轨，现在已经建立起科学严谨的标准化体系，并在全社会各个领域、各项工作中严格实施和执行这些标准，使标准化工作发挥越来越重要的作用。

第三章　千钧之重与一丝之轻

在这个部分你将了解到下面这些字：

度	量	权	衡	槌	椎	棰	斤	两	钱
铢	锾	锊	锱	捷	举	衡	秤	钧	石
鼓	引								

一　度、量、衡之间有什么关系

我们都知道，计算二维的平面面积和三维的立体体积或容积，都离不开一维的长度等计量，而再进一步，计量容积或体积可能就会涉及物体的重量，比如我们可能会关心一卡车的沙子有多重；也可能想知道同样大小情况下为什么石头比木头沉。这些问题，就把体积或容积与重量挂上了钩。

根据《汉书·律历志》的有关表述：度者，所以度长短也，本起于黄钟之长；量者，所以量多少也，本起于黄钟之龠；权者，所以称物平施，知轻重也，本起于黄钟之重；权与物钧（均）而生衡，准正则平衡而钧（均）权矣。

这些话，中心意思是长短、大小、轻重都与"黄钟"相关，按照当时求证时的实际操作过程，除了黄钟，另外一个重要中介物是黑黍。求证结果是：黄钟的管长等于九十粒黑黍直线排列的长度；黄钟的容量则刚好够填满一千二百粒黑黍；而这一千二百粒黑黍的重量是半两。既然引向重量问题，按照上面的表述，"权"和"衡"这两个概念就应该提上议事日程了。

"权、衡"再加上"度、量"，就形成了度量衡系统最基本的概念与框架。它们之间既相近又相关，但是也有差异和区别。

"度"本来指规章和标准，也可以表示测算和估计，专门用于长短的计量。例如西汉初年贾谊《过秦论》：试使山东之国与陈涉度长絜大，比权量力，则不可同年而语矣。这句话的基本意思是，假如拿崤山（秦岭支脉）之东的诸侯国与陈胜仅有的地盘和实力相比，这完全不可同日而语。要注意的是，表示测算、估计等意思的时候，"度"应读作duó，而不能再读成长度的"度"。

"量"的甲骨文字形中含有"东"，而"东"的甲骨文字形是𣅀，是一个上下都扎了口的口袋状，口袋里面还有东西，而且它是"重"字的一部分。因此，"量"的基本意思是"称量轻重"。段玉裁在《说文解字注》中还说过，"量"本来指计量多少，说它是称量轻重，是因为事物先有多少，然后也就有了轻重，因此，"量"的字形中才包含了"重"的成分。实际上，一种事物能够容纳其他事物的多少就可以称作"量"。当然要注意，表示计算、测量等意思的"量"（liáng）和表示容纳尺度的"量"（liàng），它们的声调并不相同。

"权"本来是一种叫"黄华木"的植物的名称，所以是木字旁。后来被借来指秤锤，因此，也可以表示衡量轻重。例如《孟子·梁惠王》：权，然后知轻重；度，然后知长短。

关于"衡"最初的意思，目前有好几种意见，但是相同的一点是都认为它是一种横木，只是对它用在什么地方存在着看法上的分歧。正是因为它有横木的意思，所以后来就用它来指秤杆，再往后也就具有了称量、评量等含义。例如刘勰《文心雕龙》：权衡损益，斟酌浓淡。意思就是，要掂量文章内容对于彰显主题的利弊得失，推敲是该浓墨重彩，还是该淡雅悠远。

由此可见，"度、量、权、衡"的确在意义上比较接近，都有测算、估量等含义。但是，其中，"衡"本身还有一种比较个性化的意思，那就是"平衡"。比如上面提到过的《汉书·律历志》的例子，"权与物钧（均）而生衡，准正则平衡而钧（均）权矣"。其中的"衡"就是"平衡、稳定"的意思。整句话是说，秤锤与所称量的事物均等的时候，就会出现秤杆平直且保持稳定的平衡现象，而这种均等是通过标准的正确来实现的。这里的标准包含多种因素，比如秤锤的大小、秤杆上刻度的准确性等。

秤锤和秤星（即刻度）在称量事物重量的时候，都是不可或缺的角色。"锤"最初的意思是表示重量的，并非指今天的"铁榔头"。然而，关于它所表示的确切重量，历来都是莫衷一是，没有标准答案。有说八铢的，即相当于八百粒黑黍的重量；也有说是十二两的。此外，古时候表示近似榔头的意思，最初用的都是木字旁的"槌"或"椎"，有时候也用"棰"。可见，古时候最早用来承担捶打任务的器具是木制的，转用金属材质的器具是后来的事。

三个木字旁的字"槌、椎、棰"，它们最初的意思也有差别，后来才由于音形相近，彼此出现了互相替换的情况。

"槌"最初的意思就是指棒槌，一种用于敲击的工具。例如汉代王充《论衡》：凿所以入木者，槌叩之也。意思是，凿子之所以能够嵌入木头，是由于木槌的敲击。

"椎"本来也是指棒槌一类的器具，后来就有了"敲击"的意思。例如杜甫《黄河》：黄河北岸海西军，椎鼓鸣钟天下闻。而且这个含义还一直保留到现在的一些词语中，比如"椎心泣血"中就包含"捶打胸脯"的意思。需要注意的是，"椎"表示上面这些意思时，读作chuí。至于"脊椎"的"椎"，那就是另外一种意思和读音了。

"棰"原本指的是短木棍。例如《庄子·天下》：一尺之棰，日取其半，万世不竭。这是极其辩证的思想，意思是，一根短木棍，每天去掉一半，永远也不会完全做到一点儿也不剩。正是由于"棰"有"棍子"的意思，所以它自然也就有了"捶打"的意思。

从"权"也是木字旁来看，或许最早的秤锤的确是木质的。至于秤杆，则毫无疑问，一定是木制的。而提到秤，就不得不提到"戥"（děng）。"戥"也叫"戥子""戥秤"，它的基本意思是一种小型杆秤，专门用来称量比较贵重的物品，如金银财宝和药品等，现在在绝大多数中药店里还能看到它的身影。当然，现在称量金银等，已经有了更加精确的电子秤。

至此，称量器具已经基本齐备，下面就应该是计量标准和计量单位了。

chuí
槌

chuí
椎

chuí
棰

二 "钱"指的是最小的重量吗

表示重量的计量单位,"斤、两、钱",特别是前两个,从古至今一直是主角。我们就先从这三种单位说起吧。

jin

斤

"斤"最初的意思不是计量单位,而是指能够砍伐木材的斧头,它的甲骨文字形为 。例如《左传·哀公二十五年》:皆执利兵,无者执斤。意思是,都拿着锋利的兵器,没有兵器的就拿着斧子。它表示计量单位的意思是借用了"斤"的字形和读音,例如白居易《卖炭翁》:一车炭,千余斤。在此还需要说明一点,有些古代文献中还使用过"斤"的异体字"觔",对此,阅读古代文献时需要明白。

"斤"与"两"的关系,古代和今天也不一致。按照《汉书·律历志》和《说苑·辨物》等文献,一斤等于十六两。这种倍数关系今天还保留在香港等地的计量系统中,因此,当我们到香港购物、用餐的时候,如果听到某些需要称重的物品以"两"为计价单位,像海鲜、干货等,一定要意识到这是"小两",计算一斤的价钱必须乘以16,而不是像内地常用的那样乘以10,这样才不会发生误会。

liǎng

两

"两"在金文中的字形是两。根据它所描摹的轮廓,一个意思是表示两只黄钟律管所盛的黑黍重量,即两"龠",共二十四铢;另一个意思是表示成双、成偶的,例如唐朝诗人戴叔伦《忆原上人》:一两棕鞋八尺藤,广陵行遍又金陵。此外,由于古代的车最初是两个车轮,所以"两"曾经也具有"辆"的意思，例如《尚书·牧誓》：武王戎车三百两。意思是，周武王的战车三百辆。还有，"两"也曾经表示布帛的一匹，例如《左传·闵公二年》：重锦三十两。"三十两"就是"三十匹"的意思。"两"作为重量单位，历朝历代的具体数值并不一致，据现代考证，秦朝和西汉时期，一两约等于今天的16克多一点；而东汉、魏晋时期以及隋朝末年，一两接近今天的14克；从唐朝至清朝，"两"才算稳定下来，一两相当于今天的37克多。当然，在上述所有时代，"斤"与"两"的关系都是稳定不变的，十六两为一斤。

　　"钱"最初是指一种铲形农具。据考证，由于上古时期易货交易的时候，曾经用这种农具充当货币功能的中介物，所以它就具有了金钱的含义，专门用来指铜钱，以至它表示货币的意思一直沿用到今天。"钱"表示重量单位的意思是后来才有的，清代制定"营造尺库平制"的时候，"钱"表示十分之一两，这个意思也一直延续到现在。而在更早的历史时期，跟"两"关系更紧密的其实是"铢"和其他或大或小的重量单位。

　　"铢"最初的意思就是指一个黄钟律管所盛黑黍重量的十二分之一，也就是一两的二十四分之一。按照上面提到的换算关系，在我国历史上，有的时候一铢大约有几克重，还有些时候则连一克都不到，可见这是个多么细微的称重单位。然而，比它还小的计重单位仍然存在，而且还不止一个。

qián

钱

zhū

铢

铢 钱 两 斤

　　按照"铢"往下的系列，比它小的重量单位有"豆、黍"和"分、粟"。而按照比"钱"再小的系列，则有"分、厘、毫、丝、忽"等。

这些更细小的重量单位，看上去都比较眼熟，因为它们同样也是丈量长度、测算面积和容积等计量家族中的成员。它们和"铢、钱"的关系是：十六黍为一豆，六豆为一铢；或者十二粟为一分，十二分为一铢；又或者十忽为一丝，十丝为一毫，十毫为一厘，十厘为一分，十分为一钱。那么，按照"铢""钱"分别与"两"的关系，如果用关公战秦琼的思路，我们大致可以说，一"钱"约等于2.4"铢"。

我们前面已经提到过，当计量单位太过细微的时候，常常只具有计算方面的意义。然而，这些计量单位的存在，一方面表明科学的观念，同时也为科技的发展奠定了基础；另一方面，它们在语言表达中也起到了非常重要的作用，就像前面我们谈到过"尺素、函丈"等语词一样，这些细微的计量名称，它们也组成了许多词语，丰富了我们的语词系统和表达形式。例如《礼记·经解》：《易》曰"君子慎始，差若毫厘，缪（谬）以千里"。它清楚地告诫人们，大凡君子做事，都非常重视起始阶段，因为开头如果出现丝毫偏差，就会导致方向的极大偏离。再如宋代大文豪欧阳修《新五代史·伶官传》：祸患常积于忽微。还有《淮南子·兵略训》：能分人之兵，疑人之心，则锱铢有余；不能分人之兵，疑人之心，则数倍不足。这几句话的大致意思是，如果能够分散敌方的兵力，让敌人心中产生疑虑，那么，即使只比对方多出微不足道的兵力，也足够了；而如果不能这样，那么，即使有数倍于敌人的兵力，也不一定够用。

三 谁与"千钧"堪匹敌

从古至今比较细小的重量单位，我们已经粗略地窥其一斑了，那么，本节标题中提到的"千钧"究竟有多重？这将带着我们再去探究古人计量事物轻重时使用的比较大的重量单位。

谈论比较大的重量单位，首先需要设定参照点。我们就以大家比较熟悉的"两"和"斤"作为两个参照点，从两条线索去了解这些重量单位。

➤ 比"两"大的重量单位

比"两"大的重量单位，历史上大致出现过"捷、举、锊、锱、锤"等。例如《小尔雅》：两有半，曰捷；倍捷，曰举；倍举，曰锊，锊，谓之锾。根据这段话，这些计量单位和"两"之间的关系是：一两半为"捷"；三两为"举"；六两为"锊"，而"锊"又称作"锾"。

另外，根据历代文献的使用情况以及考据，"锾"也与"锊"相通，也就是"锊"在某些时期也表示六两。但是，其中也有一些文献说，"锊"指的是十一又二十五分之十三"铢"，也就是一千一百五十二粒黑黍的重量，不到一个黄钟律管"龠"所能容纳的黑黍重量——半两。

与"锊"的情况有些类似，"锱"和"锤"在文献中的说法也各自存在着差异。有的文献说"锱"等于六铢，有的则说等于

huán
锾

lüè
锊

zī
锱

十二铢，还有的说是六两甚至八两。从"锱铢"具有微小含义来看，说它是六铢或十二铢显然更合理一些。"锤"同样存在着类似的问题，有说它比"锱"大的，等于"锱"的两倍；也有说它比"锱"小的，只有"锱"的二分之一。

"捷"本来是指战利品，所以也具有"胜利"的意思。后来表示重量属于借用，因为这么微小的重量如果与战利品有关，那可真是一个笑话了，除非这种战利品是缩微胶片、密码、机密文件存储设备一类的东西，可惜这些只能是想象，因为在遥远的古代，这些东西离萌芽状态还有十万八千里呢。

"举"最初的意思是"用两只手托起事物"，后来表示重量也是一种借用，与原来的意思并没有关联，这种情况与"捷"是同样的道理，这么小的重量或许根本不必用双手去托举。

"锊、锾、铢、锱"四个字，都是金字旁，表明它们都与金属有关。除了"锊"最初是表示金属、玉石等撞击的声音。例如清代袁枚《新齐谐·玉梅》："满房帐钩箱锁之类锊锊有声。"再如北魏杨衒之《洛阳伽蓝记·永宁寺》："至于高风永夜，宝铎和鸣，铿锊之声，闻及十余里。"其余三个字，本来的意思就是表示重量单位。需要注意的是，由于"锤"也有重量单位的意思，因此，阅读古代文献时，如果遇到"锱锤"一词，可千万不要理解成小锤子，它的正确解释也是"微小"。例如《淮南子·诠言训》："虽割国之锱锤以事人，而无自恃之道，不足以为全。"这句话的大致意思是，如果自己没有可以依凭的能力，虽然可以把微不足道的国土等割让给他人，但是也不足以成为保全之策。

与这些表示微小重量的字词相对，历史上还存在着一些表

jié

捷

jǔ

举

示较大重量单位的字词，比如"一发千钧"的"钧"。"钧"到底有多重，我们以"斤"为参照点，一步一步了解。

➤ 比"斤"大的重量单位

比"斤"大的重量单位，历史上先后出现过"衡、秤、钧、石、鼓、引"等。

据《小尔雅》解释：斤十，谓之衡，衡有半，谓之秤。可见，"衡"表示十斤，"秤"表示十五斤。例如《水浒传》：俺有敕命一道，封宋江为镇国大将军，总领辽兵大元帅，赐与金一提，银一秤，权当信物。显然，朝廷用官职、金银等意图招安宋江。至于"提"表示多大重量，似乎鲜有考证，恐怕只是一种并不精确的约略数量。

另外，"秤"本来的意思是"称重量"，后来也就有了"称重量时使用的器具"和重量单位等意思。

比"秤"大一级的重量单位是"钧"。根据《小尔雅》等文献，"钧"是"秤"的两倍，也就是三十斤。那么，现在我们知道"一发千钧"是什么概念了。一根细细的头发要吊住一百二十斤重量，这简直无异于天方夜谭。因此，这样的情形才具有极其危殆、刻不容缓的危急含义。

比"钧"再大的重量单位，还有四倍于它的"石"，十六倍于它的"鼓"以及表示二百斤的"引"。

除了"钧"，另外三个表示重量单位的汉字，它们最初的意思都不是表示重量的。"石"最初指的就是石头；"鼓"指的是可以敲击发声的响器；而"引"前面已经提到过，本来表示拉开

héng
衡

chèng
秤

jūn
钧

dàn
石

gǔ
鼓

yǐn
引

弓。它们表示重量都是后来的借用。当然，要注意"石"表示重量的时候读作dàn。

⟷ 相关链接

曹冲为什么用船称象

不知道大家有没有想过，为什么同样大小的石头和木头，它们的重量却不一样。显然，这已经涉及物质的比重问题。

其实，我们的祖先在很早以前就认识到了不同物质有轻重之别这种现象。例如《孟子》：金重于羽者，岂谓一钩金与一舆羽之谓哉。这句话的大致意思是：说金属比羽毛重，岂是说三十斤金属与一大车羽毛相比。显然，这里隐含的意思正是体积相当的不同物质的重量差别。

后来，据《汉书·食货志》和《孙子算经》等文献记载，古人还具体测定了许多种不同物质的比重，例如"黄金方寸重一斤，白银方寸重十四两，玉方寸重十二两，铜方寸重七两半，铅方寸重九两半，铁方寸重六两，石方寸重三两"等。其中的"方寸"指的是古时候的一立方寸。

顺着物质比重的思路，古人还逐渐认识到水的浮力。例如明代庄元臣《叔苴子内篇》：水能浮千钧之舟，而不能浮锱铢之金，非千钧轻而锱铢重也，势也。可见当时已经出现了对浮力以及比重等问题的思考，只是解释相关现象时，还表现出思辨强而实证弱的特征，用的是比较抽象的"势"。

按照古人当时的认识，他们认为木头一类东西能够浮于水面，而金属、石头等却不能，其原因在于"势"的不同，因为木头有"势"，而石头却没有"势"。但是，他们同时又意识到，无"势"的事物如果借助有"势"的事物，也可以漂在水面上。

再进一步观察、思考这种现象，他们也逐渐认识到，如果以水为中介，能够排开相同水量的不同物质，其重量一定相等。这完全相当于依照现代观念，审视船舶排水量与装载重量之间的关系。我们大家耳熟能详的"曹冲称象"的故事就是这方面最好的佐证。

物质的比重问题，涉及不同物质的材质，而不同的材质也就使不同的物质具备了不同的特质，并且具有了不同的功用。如果能够物尽其用，就像道家始祖老子所言：是以圣人常善救人，故无弃人；常善救物，故无弃物。这里面蕴含的哲理就是：没有一无是处的人，关键在于人尽其才；也没有一无所用的物，关键在于物尽其用。那么，人世间万事万物都应当具有独特的价值与作用。既然说到事物的材质与价值，可能就会引导我们了解古人对金钱和货币的认识与实践了。

第四章　有了钱财怎么数

在这个部分你将了解到下面这些字：

贝	朋	货	镈	钱	布	泉	鉴	文	枚
贯	吊	缗	金	镒	锭	锞			

一　货币产生之前怎么衡量财产

货币的产生是以商品交易为前提的，而商品交易又是以私有制和剩余物资为前提的。因此，历史上的三皇五帝时期，由于尚处在原始部落社会形态，在部落族群内部，一切物品都是分配制的，还没有以货易货的实际需求。当然，那个时期，在不同部落之间可能会有比较稀少的、规模也不会太大的小笔易货交易，但是这些并非主流，而且也谈不上成了气候，所以并不足以冲击分配制的根本社会形态。只有到了大禹的儿子夏启打破部落联盟首领禅让制，开辟王位世袭制之后，以私有制为基础的奴隶社会才产生了。这时，由于每个人所占有的资源和物资并不相同，因此就出现了以货易货的需要。当最初以货物间直接交换为主要形式的交易发展到一定阶段，货物交易不再局限于两个或几个货主之间，而是牵涉到更多不同的货物所有者，货物之间的间接交换或周转越来越成为常态的时候，货币的产生就水到渠成了。

那么，在货币产生之前，我们的祖先怎样计算和评估财产呢？相信大家一定会说出比较一致的答案，那就是土地和农田。

我们不说诸侯王公分封的采地，因为那毕竟是极少数的剥削阶层，比如春秋战国时期有名的"四公子"孟尝君、信陵君、平原君和春申君等。我们主要来看一看普通老百姓的家庭财产。

显然，对普罗大众而言，农田是最根本和最重要的资产。比如从殷商时期一直到春秋战国时期实行的"井田制"，庶民百姓算是有了拥有极少量荒地的可能性。再比如从北魏到唐朝实行过的"均田制"，普通百姓可以分得名为"桑田"和"露田"的这两种田地。前者是真正的私产，可以世代相传并且可以买卖，所以后来也叫"世业田"和"永业田"。后者只有使用权，不得买卖，而且"百年之后"必须归还国家。因为这种土地分配制度是以人口为单位，因此也叫"口分田"。

"田"在甲骨文中就是被田垄和沟渠划分成板块的农田形状，刚好也和成块分配田地的体制相吻合。

可见，衡量普通百姓的所谓家产，最基本的标准就是那些归个人所有、或者仅仅拥有使用权的田亩数，而且还必须考虑他们所承担的赋役等。例如《管子·山至数》：则民之三有归于上矣。从这句话可以看出，百姓辛苦种田的收成，其中三成要当作赋税上缴。

当然，由于农田的重要性，古人提及财产，常常也用拥有粮食的多寡来表示。例如《孟子·告子》：万钟则不辨礼仪而受之，万钟于我何加焉。意思是，以粮食多寡为标准的优厚俸禄，如果不分辨是否合乎礼法而收受，这样优厚的俸禄对于我能有什么益处呢。很显然，这里关系到家产的俸禄是以占有粮食的数量来衡量的。

另外，古时候关系到国力的消耗，有时候也是以粮食的消耗为指标的。比如春秋战国时期秦灭楚国的过程，其物资消耗就存在着从兵士口粮计算这样一种判断方法。据考证，当年秦国为了灭楚，几十万军队两年征战，总计消耗粮食大约相当于今天的五十万吨。当然，对这个考证结果也存在着不同意见。但是，无论如何，粮食消耗总是事关一个国家的国力水平，古代如此，现在亦如是，没有粮食储备，国将何存？

诚然，当今社会，看一个国家的实力，标准是多方面的，既有经济、国防，也有文化、人才，等等。但是，国强民丰，这是一条颠扑不破的真理。人民富足，是国家之责，也是国家之幸。那么，货币产生之后，我们古代的先民，他们在金钱方面又有着哪些可以为后人道的传统呢？

二　早期货币有哪些

据多方考证，我国历史上最早出现的货币是夏商之际的贝壳，现在把它们称作"贝币"。"贝"的金文字形是𧴪，它的整体形状就像一个学名称作"瓣鳃纲"，也叫"双壳纲"的贝类轮廓。

bèi

贝

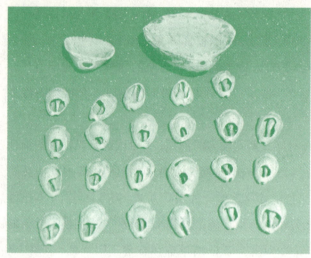

西周时期贝币

而"币"原本是指可以当作礼物送人的丝织品，后来则可以指一切财物，再往后就逐渐有了"货币"的含义。

贝壳之所以被当作钱币，主要是由于它的材质坚硬并且便于携带。但是，由于贝壳数量有限，而且也比较容易破损，因此很快就出现了以贝壳形状为原型的金属等材质钱币。由于贝壳曾经充当货币的历史，现在汉字里仍然保留着相当一批与金钱、财物等有关的"贝"字旁汉字，例如："财、赚、账、贪、贫、购、贷、费、赔、赐"等。

贝壳成为货币之后，还出现了一个与它相关的计量单位——朋。"朋"的甲骨文字形为𢁉，表示一串贝壳。至于这一串上面究竟有多少个贝壳，根据文献记载，不同时期大概存在着一定差异，有的说两个，有的说五个，还有的说十个。总之，最初为了携带方便而将贝壳磨孔后串在一起的习惯，客观上催生货币

péng

朋

计量单位的出现。例如《诗经·菁菁者莪》：既见君子，锡（赐）我百朋。可见，与君子一见，还得到了赠予。

另外，先秦时期的贝类钱币还有一些专门的名称，比如"贝货"和"贝化"。"货"本来就有"财物"之义，因此也可以用来指货币。例如《周易·系辞》：日中为市，致天下之民，聚天下之货，交易而退。这里的"货"指的就是货币，而不是货物。

而"化"用来表示钱币的意思，大概与《广韵》对"货"的解释多少有些关系，比如"货者，化也。变化反易之物，故字有化也"等。这种解释就把"货"与"化"连到了一起，认为"货"字中之所以包含"化"，原因就是"货"所表示的商品交易本身，里面就包含着"化"所蕴涵的"变化、往复"等意思。

贝壳之后，金属成为货币原材料的绝对主角，而且它也逐渐摆脱了贝壳形的约束，从而开启了我国货币历史的另一个时代。

非贝壳形的金属货币大约从商周之际开始出现，最初的钱币形制与生产工具紧密关联，大都为各种铲形。它们一般被称作"布"或"镈"，"泉"或"钱"。

"镈"和"钱"最初指的都是铲子形状的农具，后来因为它们曾经充当易货交易的中介，所以最开始所有的铸币泥范（即"模子"）都以它们为蓝本。但是，"布"和"泉"最初的意思可以说完全和钱沾不上边儿，那么，它们为什么有了表示钱币的意思呢？

首先从读音看，"布"和"镈"、"泉"和"钱"都是近音字，而在古代，读音相近的字有时候会互相代替，而且也可能逐渐拥有本来属于对方的意义。其次，从一些文献考据结果看，"布、泉"表示货币意思可能还有自身的缘由。例如《周礼·天官》：

huò

货

bó

镈

qián

钱

bù

布

quán

泉

"外府掌布之出入。其注曰：布，泉也。其藏曰泉，其行曰布，取名于水泉，其流行无不遍也。"仔细揣摩这些话，我们可以感觉到祖先对于钱币的认识。用泉水命名钱币，表示古人是把钱币看作和水源一样的资源。因为钱币存在"蓄"和"用"两种状态，所以，存蓄时就好比水流的源头；而使用时则又像泉水流布，并且这种流布还具有十分周遍的特征。可见，"布"和"泉"表示钱币的意思也存在着自己的本源。

"布"成为货币之后，钱币的形制还曾经出现百花齐放的局面。当然，从大的类别看，主要可以分为空首布、平首布和圆首布等。这种形状、大小、厚薄等钱币形制上的千变万化，肯定与先秦时期诸侯割据的社会形态是分不开的。但是，不论外形如何不统一，所有"布"类钱币都有一个非常明显的共同特征，那就是币身上都有称作"銎"的孔。这是由于铲形农具上面原本就有便于安装手柄的"銎"，而仿铲形农具而制的"布币"自然会全盘接受原来的外观特征。而且，更关键的是，"銎"的存在可以使钱币更方便地串联在一起，既便于收拢，也便于携带。而这

空首布

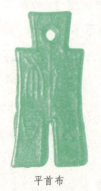

平首布

圆首布

种传统，恰恰也为外圆内方的秦朝货币以及后来的"制钱"的出现奠定了基础。

秦始皇征服六国，完成一统天下的霸业之后，由于以前诸侯各国"田畴异亩，车涂（途）异轨，律令异法，衣冠异制，言语异声，文字异形"，给中央集权管理带来了巨大的困难和挑战，所以他立即着手整顿朝纲，力图把以前各自为政的混乱局面用行政手段予以统一，其中就包括统一货币。

秦朝统一货币的政策和具体措施是把曾经流通的布币、刀币、蚁鼻钱等一律视为旧币，强令退出流通领域，而改由政府统一铸造货币，严禁私人铸钱。

秦朝的货币大致有两种，一种是黄金；另一种是外圆内方的铜钱。当然，那时的黄金，其成色远比不上今天的24K金，说它是合金可能更确切一些，以至现在仍然有学者认为先秦的黄金基本上是铜。当然，也有些学者持不同观点，特别是目前有出土的战国时期金饼，据检验，其含金量已经达到90%以上。当时计算黄金货币的单位是"镒"，只是"镒"的具体重量是多少，文献中的说法并不一致，有说二十两的，有说三十两的，还有说是二十四两的，等等。

秦半两铜钱及钱范（此钱为秦始皇在全国通行的统一的货币。钱范为铸造半两钱的模具）。

铜钱的计量单位则比较统一，因为这种钱币本身就是纪重钱币，也就是说钱币的重量就等于钱币的单位。秦朝铜钱重半两，也就是十二铢，因此，现在还把这种铜钱称为"秦半两"。而且，这种铜钱上本身就铸有钱文"半两"字样。从此，钱币上铸文就成为一种规矩和传统。并且这也可能是铜钱类货币计量单位"文"的由来。

三　钱币上的字有哪些讲究

wén

文

说是"文"，实际上钱币上的"文"不仅仅指文字，它比文字的意义更宽泛，指的是包括文字、符号、图案等在内的所有纹饰，这也契合"文"的最初意思。

我国古代钱币上的"文"很有讲究。首先是字体方面的多样性，比如篆体、隶书、楷书等。其次，不同时代还有不同的文字，比如汉字、元朝八思巴文、清代满文等。再次，钱币正面与反面的钱文有多种名称，比如面文、背文、幕文、日文、月文、星文、孕星和光背，等等。

另外，从古代钱币上的钱文，我们还可以看到钱币发展的历史。一般认为，我国古代"制钱"的发展经过了几个阶段。第一个阶段是纪地钱时期，也就是钱币上的钱文是地域名称，表明钱币的铸造地和通行范围，

开元通宝

例如先秦布币上的"阴晋""安邑"等；第二个阶段是纪重钱时期，指的是钱币上的文字表明钱币的重量和价值，例如秦朝的"半两"、汉代的"八铢钱"和"四铢钱"等；第三个阶段是纪年钱时期，意思是钱币上的文字标明铸造年代，一般都是不同朝代的年号，例如唐朝的"开元通宝"和明朝的"洪武通宝"等。

作为钱币的计量单位，"文"与"枚"意思相近，前者除了计量个数，还有面额的含义；而后者一般只表示个数，这也和"枚"字本来的意思相吻合。"枚"最初指树干，很快就有了表示枝条类物品数量的意思。

méi

枚

◆→ **相关链接**

关于"文"的故事

"文"作为货币的计量单位，还形成了一些流传至今的词语和故事，比如"一文不名"等。大家都知道这个成语的意思是一点钱也没有，"名"在这里表示拥有、占有。其实，这里面还有一个典故。汉文帝时有一位名叫邓通的人，由于某些献媚行为得到文帝赏识，因此领受了文帝赏赐的铜山和铸币权，结果他所铸造的"邓氏钱"得以大量流通。但是好景不长，文帝死后，汉景帝即位，他由于忌恨邓通，就命人查抄了邓通的家产并处以罚金，导致邓通再无一个"邓氏钱"，最后寄人篱下郁郁而终。这个典故也称"不名一钱"或"一钱不名"。

然而，不论是"文"，还是"枚"，它们指的都是单个的铜钱，而外圆内方的铜钱，之所以设计了中孔，其中就有把单个钱币串联在一起的作用，这也为钱币其他计量单位的产生奠定了基础。成串的铜钱，就像表示若干个贝币有专门的说法"朋"一样，也有几种专门的名称，大致有"贯、吊、缗"等。

四　古人怎么数钱

guàn

贯

"贯"由上面的"毌"和下面的"贝"两部分构成，下面的"贝"表示与钱财有关，上面的"毌"甲骨文字形为，表示穿过物品的线绳等。两部分合在一起组成的"贯"，仍然表示穿过物体或者把物品等串联起来的线绳等。根据《六书通》里面记录的古文字，"贯"的字形的确很像把贝一类的东西穿起来的样子。例如《汉书·食货志》：京师之钱累百巨万，贯朽而不可校。这句话的意思让人很纠结，一方面应该称赞当时国库充盈；另一方面也对有关人员不作为，致使串联钱币的线绳都由于腐朽而给核计库银数目带来麻烦的情况感到哭笑不得。

"贯"表示钱币计量单位时，它在历朝历代的具体所指也不尽相同，大多数情况下是指一千文，但是宋朝时有一种大铁钱每贯五百文，元末朱元璋铸大中通宝钱，四百文为一贯。"贯"的具体用例有，《水浒传》：着落店主人家追要原典身钱三千贯。还有大家比较熟悉的一些地方剧种中的传统剧目《十五贯》。

diào

吊

"吊"是比较后起的计量钱币的单位，和"贯"的意思相同，也指一千文。例如明朝何良俊《四友斋丛说》：是日，十三道长，每一个马上人要钱一吊，一吊者千钱也。看来，"吊"应当是明清时期使用"制钱"的单位。

同"贯"意思相同的，还有一个计量单位称作"缗"。"缗"最初的字义是"钓鱼线"。可能是由于这种线比较结实耐用，因此后来就用来串联钱币，再往后就像"贯"一样，逐渐有了表示钱币单位的意思。而且，正是由于"缗"有了表示钱币单位的意思，再进一步，它就产生了"账目"等含义，比如"校缗"就表示审核账目等。唐代诗人刘禹锡和高适都有相关的诗句，例如"校缗资筦榷""校缗阅帑藏"等。其中"筦榷"是指古代官府对盐、铁、酒等管控物资的专卖，也称作"管榷"；"帑藏"就是指国库。

min

缗

五　黄金白银为何当钱使

虽然"制钱"可以通过线绳串联等方式形成较大数额，但是由于其单个钱币的币值相对较小，而大量携带又不方便，因此，遇到较大数额的支付和结算情况，该怎么办呢？

很显然，解决这个问题的关键，就是必须找到比铜铁类金属"制钱"价值更高的能充当等价物的东西。那么，在我国古代，适合这种需求的不外乎金、银、玉和珠宝。

根据考古发现，我国的治玉历史目前已经可以追溯到距今大约8000年的兴隆洼文化。兴隆洼遗址出土了大量的玉玦、玉斧、玉锛等玉器。玉作为造币材料进入人们的视野是十分自然的事情。先秦时期，各种形制的布币中就出现过玉的身影，后来的"制钱"也有用玉做的。例如《管子·国蓄》：以珠玉为上币，以黄金为中币，以刀布为下币。但是，玉制钱币存在着一个致命的弱点，那就是比较容易破损；而且制造过程也比较复杂，与金属铸造相比，其效率低得可怜。所以，玉从来没有成为货币材料的主流，基本上只具有收藏价值。

珠宝类物品虽然价值很高，但是如果要充当货币，也有不合适的地方，比如：制式很难统一；数量比较有限；况且其中一些个头细小，也容易遗失，等等。因此，这类物品要充当货币，进入频繁使用的买卖市场，不方便之处也是显而易见的。

说来说去，看来只有金银两种材料是充当货币的不二选择了。黄金和白银是我们比较熟悉的两种贵重金属，它们也都有充当钱币原材料的传统，虽然现在它们都退出了当作货币的商品流通市场，但是金币、银币的收藏价值还是人所共知的。

虽然在我国古代，最早的所谓黄金和白银，其纯度绝非现在的标准，其中铜的含量比较高。然而，他们毕竟是比青铜和铁提炼工艺更复杂、要求也更高的冶金成品，所以，自然成为价值更高的等价物。

"金"在金文中的字形是 :☲。有人认为它表示土里面埋着含有金属的矿石；也有人认为它表示冶炼金属过程中散落了一些碎金属块。但是有一点大家形成了共识，那就是最初的时候，"金"并非专门指黄金，而是指所有金属。"银"最初的意思就是白银，金字旁表明它属于金属，"艮"表示它的读音。

前面曾经提到，秦朝的货币体系中本来就有黄金，而且还

jīn

金

yì

镒

规定了专门的计量单位"镒"。后来历朝历代都有用黄金充当等价物的历史。例如《隋代宫闱史》：扮作看客的内侍，纷纷把赏钱丢下，秦娘娘也掼了一锭金元宝过去。能随随便便就"掼"金元宝的人，这显然是一掷千金的主顾。而一般情况下，虽然历史上许多朝代都有金锭或金元宝，但是它们都不是流通支付领域的主角，因为价值太高了，一般的交易根本用不上。封赏和保值才是黄金硬通货的主要功能。只是据一些学者考证，秦、汉两个朝代，黄金的价值和相应的购买力并没有后来那么高，因此，那时候的黄金的确可以充当日常交易的支付手段，以至还有汉高祖刘邦赏赐陈平"金四万斤"的掌故，真让人觉得不可思议。

与黄金相比，白银就亲民得多。当然，这也不是普通老百姓能够消受得起的。和黄金的价值一样，白银在各个朝代的支付能力也差别很大。研究表明，唐朝初年，一两白银大约可以买到两千多斤大米；而到了明朝万历年间，只够买不到二百斤。由此看来，白银充当货币基本上也是发生在比较大宗的交易中。

白银充当货币的价值一般都是以重量为标准，比如"两"和"钱"，另外还有"分"和"厘"。它们之间的倍数关系就和它们做重量单位时完全一样，都是十进制。

此外，白银除了以重量表示价值，它本身还有一些不同的形制，例如"银元宝、银锭、银锞子、银圆"等。银元宝和银圆是大家最熟悉的两种曾经流通的白银货币，现在依然具有一定的收藏价值。但是历史上，银元宝的重量并不一致，有轻重大小的差别；相对而言，银圆的重量更稳定，大致维持在七钱三分。不过，出乎我们意料的是，银圆的发源地并不在我们中国，它是个地地道道的舶来品。

银圆最早于15世纪末出现在欧洲大陆，随后于16世纪由西班牙殖民者开始在美洲大量铸造，然后大约在明朝万历年间流入我国，并且能充当货币使用。后来到乾隆年间，清政府首次在西藏铸行"清乾隆宝藏"银币。再往后，清末的时候，上海也有一些从事船运业的富商受命开始铸造银饼。这几方面的情况就成为我国银圆产生的源头。

银圆的别名不算少，"洋钱、洋钿、大洋、花边钱"都是它的名称，而且对于从美洲墨西哥流入的银圆还曾经有"番饼""鹰洋"等称呼，同时它也可以叫"银元"。

dìng
锭

kē
锞

至于"银锭""银锞子"则完全是我们本土的产物。"锭"本来指古代用来蒸食物的一种炊具，后来指熔铸的大块金属。而"锞"本来是指古代车的轮轴装置中用于盛润滑油的零件，也指人腰带上的金属类装饰，后来专门指熔铸的小块金属。

银锭和银锞子的大小都不确定，大一点的上面有铸造地点、重量和银匠姓名等文字；小一些的上面的文字多少不一。另外，它们各自的成色也都有差异，每次支付时都需要用秤称分量并鉴定成色，因此给使用带来许多不便。

由此可见，在我国古代，最稳定的货币还是外圆内方的"制钱"。

为什么制钱的形状是外圆内方

这首先是实用性的考虑，其次是寓意的体现。

在实用性方面，一种考虑大概是方孔既便于串联钱币，同时也能避免圆孔因频繁转动而带来币身磨损的可能性；第二种考虑可能是钱币上的文字在方孔情况下可以左右分列，便于阅读，而在圆孔情况下却只能环形排列，给阅读带来不便。

在钱币形状的寓意方面，估计有几种情况：一是天圆地方的传统观念。例如《吕氏春秋·圆道》：天道圆，地道方，圣王法之，所以立天下。二是借圆和方比喻国家和经济，以方孔形似水井而代表商业和贸易，而圆环形似城市而比喻国家和政权，取其"周流四方"的寓意。三是据说秦始皇一心求得长生不老，所以崇拜会行方术之士，所以选用方孔铸钱。

制钱

货币对一个国家的重要性，怎么强调都不过分。比如前面提到的黄金，它本身不仅具有很高的价值，同时也是一个国家规避金融风险的手段之一，因此各国中央银行至今仍然保留大量的黄金储备。而且在20世纪30年代之前，它在各国历史上还扮演了长达两千六百年左右的货币角色，许多国家都制定过相应的金本位制度，规定黄金可以当作货币使用；并且在1976年之前，黄金还在国际上与美元建立了比较稳定的兑换机制，在一定意义上充当了国际货币的角色。

　　黄金天然具备的这种成为货币的本质，是任何其他金属没有的，而且它在一些特定面值的货币中还有固定的含量。这些情况就涉及现代货币的价值计量问题，而我们刚好也到了该探讨一下现代常用的一些计量单位，它们在古代是什么情况的时候了。

第五章　当汉字"计量族"遭遇欧风美雨

在这个部分你将了解到下面这些字：

米	吨	磅	克	电	伏	瓦	卡	锎	元
角	毛	桶	方	刻	字				

一　有"米"下锅掀热浪

"米"这个字，甲骨文字形是𣲖。它的形状像谷物的子实，意思就是指经过脱粒去壳加工的米粒。但是，它现在最常用的意思除了米粒，还有长度单位的意思。这个单位是怎么产生的，它跟米粒有关吗？

"米"作为丈量长度的单位，它的产生可以从两个方面探讨。第一是这种概念以及具体标准的确定过程；第二是汉字"米"表示长度意思的由来。

长度的丈量问题，我们在前面已经探讨过。人类最初产生丈量长度的意识是从自身与外界事物之间的关系着眼的，而且也是把自身当作参照物确定标准尺度的。这种方法是古人具有

mǐ

米

非凡智慧与想象力的生动体现，但是它也存在着一定的问题，例如不同地域标准难以统一，标准尺度的稳定性不强，等等。因此，许多有识之士就开始思考标准尺度的稳定性和通用性，并着手进行实践性尝试。

根据目前能够查阅到的历史文献，人类产生寻求比较稳定的长度参照标准这种意识，应当是以采用自然天象做长度基础为标志。因为自然天象中的一些要素恒定不变，以此为基础核定的标准也必然比较稳定，而且有利于在不同地域之间通行。

在这样的想法指导下，通过观测天文等方式测量地球子午线的长度以及圆弧的度数与子午线长度的对应关系，就成为这类探索活动的主要实践。

公元七百多年的时候，我国唐代高僧，本名张遂的僧一行，主持了几次较大规模的天文勘测活动。在这几次勘测活动中，他通过考察经度相同但纬度不同的观测点的各种数据，综合计算之后，得出了南北差一度，两地距离为351里80步的结论。也就是地球纬度的一度约等于现在的129.2公里。这个测量结果与今天更科学的测量值111.2公里相比，虽然有较大误差，但是，这是人类历史上第一次用科学方法进行的子午线实测，在科学发展史上具有划时代的意义。正如中国科技史专家、英国近代科学家李约瑟的评价，这是"科学史上划时代的创举"。

在僧一行之后，我国历史上还有过类似的观测活动，其中以清朝康熙年间开展的活动规模最大。在这次活动中，观测结果是地球纬度的一度约等于115.2公里。这个结果已经非常接近现代科学的观测值。

而现代科学的观测值，最初来自18世纪末法国的一批科学家。这批科学家前后花了6年时间，不仅测定了穿过巴黎的从赤道到北极的子午线长度，而且进一步提出了以这条子午线的千万分之一作为长度基本单位的建议，而这个数值刚好是"米"的长度。后来科学家们还依据测量结果，制成了一米长的铂金棒，把它当作"米"的计量标准，称之为"米原器"。当然，由于当时的测量误差，这个"米原器"出现了0.2毫米的误差。

在那以后，国际上逐渐接受了这个标准，并有20个国家于1875年签订了在各自国家执行这个标准的公约，而且还成立了国际度量衡局。1889年，该局改良第一代"米原器"，制成了30个横截面为X形的铂铱合金棒，分赠各会员国，以此统一并推广"米"的标准。

后来，由于金属毕竟在自然环境中存在着一定的不稳定性，而且一旦毁损后无法复原，国际上又先后两次重新定义"米"的标准。一次是1960年第11届国际度量衡大会上，通过以氪-86的辐射光波为长度基准，定义"1米等于氪-86原子在2p10和5d5能阶间跃进时，辐射光的真空波长的1650763.73倍"。第二次是1983年第17届国际度量衡大会上，通过了"1米等于光在真空中1/299792458秒所行走的距离"这个最新的"米"的定义。

可见，现在我们觉得如此平常的一个长度单位和标准，它的确定过程有多么费时、费力和艰辛。而事实上，事情还远不止这样简单。当我国古代先哲在探求尺度标准的时候，其他国家的科学家们也在思考探究同样的问题。其中1688年，英国哲学家约翰·威尔金斯就提出需要建立一种十进制的标准长度单位系统。1675年意大利科学家提托·李维欧·布拉提尼在他的著作中首次使用metro cattolico这个词，意思是"天主的米"。而这个词是从希腊语借来的，原来的意思是"一种通用的测量单位"。

"米"进入我国则是晚清时候的事情了。1908年清政府制定了《推行划一度量权衡制度暂行章程四十条》，规定在全国继续推行顺治、康熙年间制定的"营造尺库平制"；引进由国际权度局制作的铂铱合金"米原器"，采用万国米制，以合32厘米的"营造尺"为长度的丈量标准。

后来，北洋政府和中华民国都制定过采用国际通用计量标准的政策，并且先后用"米突"和"公尺"翻译法文单词mètres，再后来又把"米突"简称为"米"。

二 一粒"米"引发的连锁反应

有"米"下锅之后，我国传统丈量长度的单位，立刻起了连锁反应，情景颇像翻滚的粥锅，纷纷采用国际标准重新定义，并开始出现了一批新的度量衡名称。

以"米"的系列为例，比它小的有：分米、厘米、毫米、微米、纳米、皮米、飞米、阿米、仄米和幺米；比它大的则有：十米、百米、千米、兆米、吉米、太米、拍米、艾米、泽米和尧米。

特别小的长度单位，一般都用在科学领域，我们在这里不去探究它们。我们先从日常生活中最常遇到的"十米""百米"和"千米"说起。

根据文献记载，"百米""千米"在上个世纪初进入我国之后，针对这两个概念，汉字里曾经出现过两个专门为表示它们而新造的字形"粨"和"粁"，它们的读音和"百""千"完全相同，意思则不用太多解释，看见字形大体就能猜得到。而且，我们从一部大家可能都比较熟悉的文学作品中还见到了"粁"的用例，这是曲波《林海雪原》中的一个句子："离神河庙五公里的二道河子桥，多年失修，铁轨蜿蜒不直，路基凹凸不平，枕木朽烂，道钉残缺。桥头左侧标着'三二五粁'的石柱子已被积雪培了大半截。"

现在大家可能会问，那"十米"和"万米"呢？它们也应该算日常生活中比较常用的长度单位，它们也曾经有过专门的字形吗？

汉字里面还真的有"籵"和"糎"这两个字，只是它们原来就有其他的意思。前者读作fán，是"蹯"的古字形，意思是"野兽的脚和脚印"；后者读作lì，表示去壳的糙米，同时表示十六斗多的带壳粟去掉壳之后一斛糙米的量。因此，"十米"和"万米"就没有新的字形可造了，而且也没有把这种意思附加在原来的汉字上。

不过，在"十米"这个概念刚刚出现的时候，按照我国古代长度计量单位的传统，仿照"米"叫做"公尺"，它还曾经称为"公丈"；而"百米"也曾经用过"公引"这种名称；"千米"不用说了，我们经常用的是"公里"。

现在再来看看更大的长度单位。"兆米"已经是1000公里的距离了，其他的则更可观。我们就说说最大的"尧米"吧。它是一个非常罕见的长度单位，具体指的是10的24次乘方米，也就是24个10的乘积。

这么说，我们可能还是找不准感觉。那我们就从另一个角度间接地感受一下。我们大家可能大致上能理解宇宙的天体之间那种距离的遥远。这样的距离现在一般用"光年"来做单位，意思是光在真空中一年时间内所走过的距离。而光的速度有多快呢？综合天文学方法、大地测量法等不同实验方法，估计它的数值接近每秒钟300000公里。那么，照此速度，一年时间能走多远呢？不用说，这也是一个超乎我们想象力的距离。而"尧米"所表示的距离甚至略大于一"光年"所表示的距离！可见，它真的算是一个极端"奇葩"的长度单位了。

三　由"音译"催生计量家族新成员

dūn

吨

　　和"米"的情况差不多，"吨"这个字在我国古代就已经出现了，只不过它最初的意思不是现在意义上的计量单位。按照几部古代辞书的解释，它基本上都是重叠成"吨吨"使用的，其中一种基本意思是"言语含混不清"，但是该词一直比较罕用。

　　直到近现代，有一个来自国外的计量单位ton进入我国，最初的时候新造了一个"𠳷"字，音译这种概念，例如《清史稿·志一百》：船进口二日外全完船钞，百五十𠳷（吨）以上𠳷（吨）纳银五钱，以下𠳷（吨）纳一钱。后来又简化成在古代已经存在的"吨"字。

　　我们一般最常用的"吨"指的是重量单位，具体指1000公斤。但是，实际上"吨"还有不少其他意思，例如：船舶的内部容积单位，等于100立方英尺；致冷量的单位，等于一吨冰在24小时内融化的致冷效力；主要用于英国的一种重量单位，等于20长担或2240磅，等等。

"磅"虽然不是国际通用的公制计量单位，但是它的影响力并不小，这一点可能与英国的殖民历史有关。这个字，同样在古代就已经存在。它最初的意思是"石头落下的声音"，后来还和其他一些字组成词使用，比如"磅礴"等。

bàng

磅

它表示计量单位，和"吨"一样，也是采用了音译的办法，来自英文的pound。当然，作为计量单位，"磅"不仅仅是一个表示重量的单位，它还可以指印刷字体的大小，约等于七十二分之一英寸，是通过音译point一词而来。

另外，"磅"和"英镑"的"镑"之间，也存在着某些渊源。因为我们前面谈钱币问题的时候，曾经提到我国古代的纪重钱币，也就是说钱币的重量就等于钱币的价值，例如"秦半两"等。而"镑"也是来源于纪重。英镑原本叫Pound Sterling，pound就是重量单位"磅"，Sterling是"九二五白银"的专有名词，也就是白银和黄铜的合金中，千分之九百二十五是白银。两个单词合起来，意思就是一英镑等于一磅纯度92.5%的白银。后来由于英国19世纪的金本位制，英镑成为英国的标准货币单位，规定每一英镑含7.32238克纯金。1914年第一次世界大战爆发，英国废除金本位制，金币停止流通。再往后又因为世界经济危机而于上个世纪30年代，彻底将英镑演化成不能兑现黄金的纸币。

kè

克

在英镑演变过程的金本位时期，计量黄金重量的基本单位出现了"克"。这个单位现在已经成为计量黄金重量的最基本单位之一。而"克"在我国古代原本没有计量单位的意思，它最初的意思是指能力或能量。

"克"的甲骨文字形是 。表示人的肩膀上负有重物,意指有能力。这就像我们今天常说的"铁肩担道义",其前提同样是要有出众的能力做基础。因为有能力,所以"克"后来也就有了"能够"的意思。例如《诗经·荡》:靡不有初,鲜克有终。以及唐朝一代名相魏徵著名的《谏太宗十思疏》:善始者实繁,克终者盖寡。其中心意思都是,无论做人做事,能做好开头的都不在少数,但是能够坚持做到最后的往往是少之又少。

四　当计量触"电"之后

既然提到能力和能量,我们首先会想:人的能力是从哪里来的?其实,回答这个问题并不难,除了神话传说中的天神和英雄,现实生活中的人,要想具备一定的能力,学习是唯一的途径。

在我国古代,有关刻苦求学的故事不胜枚举,例如"程门立雪、划粥割齑、囊萤映雪"等等。其中,"囊萤映雪"以及意思比较相近的"凿壁偷光",都清楚地反映出在"电"的发明,或者说"电"具有真正的实用价值以前,古人需要光线读书时的某种状态。

毫无疑问,"电"是人类历史上最伟大的科学发现之一。从人类发现"电"的现象,到能够初步驾驭它,让它为我所用,可以说经历了极其漫长、极其艰辛的探索过程,甚至还付出过生命的代价。

人类对"电"的认识,大致有两个方面的来源:第一个是自

diàn

电

然现象；第二个是事物之间的相互作用。

先看自然现象。"电"在金文中写作🐉。从字形上，显然与雷雨这类自然现象有关，因此它才是"雨字头"；而字的下半部分则是表示雷电的形状。正像《说文解字》所说：电，阴阳激耀也，从雨从申。这里的"阴阳"肯定不是指现代科学意义上的"阴极"和"阳极"，而是古人宇宙观中与"天地""乾坤"等相关的"阴"和"阳"。"申"本来的字形就是指闪烁的电光，也就是我们平常在听到雷声之前先看到的"打闪"。

除了文字本身的解释，我们从古籍里还能看到有关雷电的记载。例如《尚书·周书》：秋，大熟，未获，天大雷电以风，禾尽偃，大木斯拔，邦人大恐。还有《吕氏春秋·贵生》：故雷则掩耳，电则掩目。很显然，我们的祖先在很久以前已经对雷电有了初步的认识。但是，这样的认识还只能说是十分表层的，基本上停留在看到某些现象的阶段。就像《尚书》里说的，仅仅了解到雷雨大风会引起"使即将收获的庄稼倒伏；把大树连根拔起；令人惊恐"这样一些现象。

再来看事物之间的相互作用。根据文献记载，许多西方语言中，"电"这个单词源于古希腊语的"琥珀"。这是怎么回事呢？

原来，公元前600年左右，古希腊的贵族妇女们外出时都喜欢穿柔软的衣服，胸前佩戴琥珀做的首饰。而当人们擦拭这些首饰的时候，不管擦得多么干净，很快就发现首饰上又吸上了灰尘。这种现象令人百思不得其解。据说当时有个叫泰勒斯的人，他经过仔细观察和思考，注意到挂在脖子上的琥珀首饰在人走动时不断晃动，频繁地摩擦身上的丝绸衣服。于是，他猜想可能奥妙就在这里。后来，经过多次实验，他终于发现用丝绸摩擦过的琥珀确实会吸附灰尘或绒毛等碎屑。因此，他就把这种不可理解的力量叫做"电"。

而在我国古代，东汉年间，王充在《论衡·乱龙》中也有类似的记载，他说"顿牟掇芥"。意思就是，玳瑁的壳上吸着很细碎、很轻的草茎草叶，其中"顿牟"就是指"玳瑁"。

就是在这样一些先驱不断地发现、探究自然奥秘的过程中，到了18、19世纪，人类终于能够通过物理方式发电，并让"电"为人类服务。"囊萤映雪""凿壁偷光"的时代已经一去不复返了。

我们平常遇到与"电"相关的计量问题时，最常用到的大概是"伏"和"瓦"。前者与电压有关，后者与电的功率有关。这两个计量单位完全是现代科学的产物。"伏"和"瓦"是外来语词"伏特"和"瓦特"的简称，"伏特"和"瓦特"则是用两位科学家名字命名的科学术语，是为了纪念这两位对电的原理与作用有重大发现与发明的科学先驱。

既然谈到电，我们很容易联想到另外一种能量就是"热能"。虽然它与火、光等物理现象都有联系，但是它与电的关系也十分密切。而且除了以加热升温为目的的热能，在现代社会，人们也都非常注重事关身体健康的养生保健，对自身的热量摄入问题高度关注。而在人体摄入热量方面，有一个概念叫做"卡路里"，简称"卡"。这是一个计量热量的单位，其准确含义是：1卡路里的能量或热量可将1克水的温度升高1摄氏度。

至于"伏""瓦""卡"这三个字，它们最初的意思完全与计量无关。"伏"的意思是"狗将人拽倒"；"瓦"则是通过房顶上

fú
伏

wǎ
瓦

kǎ
卡

正反交叠的屋瓦形状，指一切已经烧制好的土坯器物。当然，也有意见认为"伏"的意思是"人像狗一样匍匐在地上"等。而"卡"是个多音字，qiǎ是它最初的读音，意思是"关卡；夹住或按住"等。kǎ是后来才有的一种读音，一般都用来翻译外来语词，例如"卡车、卡片、卡介苗"等。

五　现代货币催生的新名词

在现代社会，不管是用电还是健身，人摄入能量和消耗能量似乎都会产生消费行为，这就又涉及君子往往不屑一谈的金钱。

前面已经用不算小的篇幅谈到过一些古代计量金钱的单位以及钱币发展的历史。那么，有关货币问题，难道还有什么大的遗漏，或者是还存在着哪些现代社会才有的概念吗？

要说新概念，其实从大的方面看，还真的没有什么补充，但是，有一些货币单位的确是随着货币的发展，一直到现代社会才产生的新的说法。

我们以现在大家经常用到的人民币为例，"元、角、块、毛、镚"，这基本上都是离现在比较近的时候产生的。

先从"镚"说起吧。"镚"指的是面值比较小的金属硬币，在口语里往往读成"儿话音"，也就是"镚儿"。它也可以说成"镚子"或"钢镚儿"等。这种说法来源于清朝末年，本来指以铜为主要材料的无孔小硬币，10枚硬币等于1铜元。例如刘半农《扬鞭集·面包与

bèng

镚

盐》：两子儿的面，一个镚子的盐，搁上半喇子儿的大葱。

现在，"镚"一般指所有面值比较小的金属硬币。在市面流通的硬币中，目前有"1元、5角、1角、5分、2分、1分"等六种。

由于"镚"这种概念产生的时间原因，这个字本身也是当时的一个新造字，金字旁表示它的材质，"崩"表示它的读音。

金属货币几乎是一切货币的源头之一，不论是金银，还是铜铁，任何货币最初的形制或多或少都与金属材料密切相关。我国的金属钱币更是已经拥有几千年的历史，只是，我国历史上金属钱币的主流是中间带孔的，而且以方孔为主，因此才有"孔方兄"一说。

反倒是纸币，产生时间远比金属钱币晚。根据文献记载，我国纸币的萌芽应当是唐朝时的"飞钱"。这是一种类似汇票，用于兑换的票券。而最早具有纸币性质的兑换券，是宋朝时出现的、当时称为"会子""交子"和"关子"的纸币，另外还有同时代北方女真族政权金朝的"交钞"。发行这类货币的主要目的就是为了携带和交易更加方便。

后来，直到元朝，我国才第一次出现了真正的不兑换纸币，并以它为法偿币。元代的纸币有"中统钞""至元钞"和"至飞交钞"等。在这几种纸币中，以"中统钞"最为重要。明朝的纸币是"大明宝钞"。而清代纸币的发展，则可以分成三个阶段，依次是顺治年间的"钞贯"，咸丰年间的"官票"和"宝钞"，以及光绪以后的不兑换券。

宋朝纸币

与"锎"的面值相对应，人民币纸币也同样具有"1元、5角、1角、5分、2分、1分"这六种面值，只是纸质的"分币"现在基本上已经退出了流通领域。

从面值看，人民币最基本的单位有"元、角、分"这三种。那么，这三种单位是怎么产生的呢？

"元"在甲骨文里的字形为。最初的意思是指人的头部，后来有了"开端、开始"等意思。它与货币的关系始于唐朝。唐高祖为了整顿币制，下令废除铢钱，改而制造"开元通宝"。后来到清末，在铸造银元的同时，广东开始用机器批量制造铜元，由于铜元样式新颖，其精巧、整齐程度是以前任何钱币都无法比拟的，因此大行其道。这就为"元"成为货币单位奠定了必要的基础。

yuán

元

再往后，随着经济发展，交易扩大，社会迫切需要更轻便的货币来代替金属钱币，于是，银行就印制了一种银元、铜元的兑换券，这种兑换券的名义价值和实际的银元、铜元一样，因此，就逐渐演变成了纸币。原来的金属货币单位"元"也就沿用下来，成为一种固定的货币单位。

当然，关于"元"的来历，目前还存在着另外一种说法，即认为"元"起源于明朝。因为，明朝万历年间，大量欧美的金属货币"银圆"流入中国，其中最通行的是来自墨西哥的银圆。而这类金属货币，"圆"既是货币名称，也是单位名称。后来，我们自己的货币也就吸纳了"圆"这个单位，并把它写成更加简单的"元"。

至于元以下的辅币单位"角"和"分"，它们可能各有自己的来源。

"角"最初的意思是"兽角"。它表示货币单位大概与"圆"有关，因为圆如果分成部分，圆弧角是必然的结果，所以"角"也就成为比"圆"小的辅币单位。而"分"本来就是指"分开；分别"等，后来自然就有了"分开后的部分"等含义。而且它本身在古代原本就是长度、面积和重量等的计量单位，所以自然也就可以成为货币的计量单位。

另外，在实际使用过程中，特别是口语表达，我们现在还常常把"元"和"角"说成"块"和"毛"。这又是什么原因呢？

原来，在银圆等金属钱币占据流通领域的时期，"块"由表示钱币个数的意思，逐渐也衍生出价值单位的含义，与"元"的意思完全相同。例如清代包世臣《已卯岁朝松江即事》：石米块八价在市，官漕石折六块四。因此，这种说法也就延续到了今天。

"毛"最初的意思就是"羽毛"，与"毫"的意思接近。而"毫"在古代刚好是适用范围很广的计量单位，既可以量长短，也可以量大小，还可以量轻重。自然，它也完全具备了成为货币单位的基础。当它用作货币单位的时候，"毫"指的正是"角"，以至现在香港等地还用"毫"表示"角"这种面值。因为"毛"与"毫"本来的意思与读音就很接近，所以有人在使用过程中，就用字形比较简单的"毛"代替了相对复杂的"毫"。渐渐地，这种用法就固定下来了，以至曾经有些文献中还把小银元称为"毛银"。

现在，人民币的实际币值，以"分"为最小，但是，就货币单位的体系而言，还有比"分"更小的单位，比如黄金的交易价格如果是256.829，小数点后面第三位显然表示"分"的十分之一。当然，这些更小的货币单位，其主要作用是为了交易、结算，而不是为了流通，所以不会有相应价值的实体钱币。

六　计量单位也会旧瓶装新酒

有关电的计量单位，由于电的应用价值被发现并付诸实践的时间问题，古代还没有专门的说法，而有些计量问题则是从古至今一直存在的，比如体积、容积和时间等。可是，那些从表面上看，古今用字完全相同的计量单位，它们的真正含义也完全一样吗？

我们先以体积和容积为例来看一看。容积单位"桶"曾经在古代就使用过，根据文献记载，它指的是当时的"六升"。而现在，作为标准容量单位，它主要用于原油计量，约等于159公升。而且它还表现出成为计量原油重量单位的趋势，具体含义是：一吨原油等于7.33桶，也就是一桶约重136公斤多。因此，如果看到国际原油价格的信息是每桶104.92美元，我们既可以理解成这是大约159公升原油的价格，也可以理解成大致是136公斤原油的价格。

下面再来看现在经常用到的一个体积单位"方"。它是计量木材、沙土等物质的最基本单位。它在甲骨文里的形体是 𠀁 。最初表示"两条船并在一起"，同时也可以指"并列；并行"等。例如《庄子·山木》：方舟而济于河。后来这个字逐渐有了"方形；地方"等含义，而且还用于数学计算中的乘方和开方等。例如《野叟曝言》：因将笔算加、减、乘、除、平方、立方之式各写一纸，令璇姑学习。

实际上，"方"在数学中的用法，最早就是从天圆地方概念延伸出来的面积问题，例如成书于我国西汉年间的《周髀算经》，里面就有"数之法，出于圆方。圆出于方，方出于矩。矩出于九九八十一"。这是典型的正方形面积问题。稍后出现的《九章算术》，更是用专门的章节记载了解决各种面积和体积问题的算法，以及利用勾股定理进行测量的各种问题。

　　古人在数学领域的不懈探索，已经为今天数学科学的发展奠定了坚实的基础，另外，也为现代面积、体积单位的确定打下了基础。今天，做家具的时候我们常常说需要几"方"木料；建楼房的时候，也常常说打地基挖了多少土"方"，等等。这里的"方"指的就是"立方米"。它既是一种简称，同时也是对古代数学概念的继承和发展。

　　制作家具、挖掘沙土，这些工作都要花费一定的时间。因此，就涉及时间的计量。从古至今，时间计量一直是人类探索宇宙世界的永恒主题。而且"宙"本身就是指"古往今来的时间"。

　　时间计量是一个非常广泛的领域，从我们基本上难以察觉的"须臾、刹那"，再到时分秒，再到日月年以及季节、人生，还有人类、自然界的历史，等等。如此宽泛的主题，这里的篇幅实在不足以铺陈其于万一。因此，我们仅仅选取两个目前也算比较常用的概念，来看一看它们从古至今的发展情况。

　　第一个字我们说"刻"。这个字最初的意思是"用工具在木头上雕刻"，后来就从雕刻痕迹逐渐发展出"刻度"的含义。而"刻度"这种意思，使得"刻"除了其他用途，很快就在时间的计量领域一展身手。我国最早的计时器"漏壶"出现的确切年代还有待考证，但是肯定不晚于西周，因为《周礼·夏官》里面已经

kè

刻

古代沙漏　　　　　　　闹钟

有"漏壶"的记载。"漏壶"的另一个名称就叫"刻漏"。

　　"刻漏"在我国的发展历史，除了制作材料和外观的发展变化，它的刻度体系也经历了若干次变化。最初，一昼夜对应于一百个刻度。后来出于与十二地支纪时的倍数关系考虑，还出现过一百二十和一百零八两种刻度。而在南北朝时期，曾经出现过维持时间很短暂的九十六刻度"刻漏"。一直到比较晚近的清代，由于和现代计时标准的关系问题，才又重新启用南北朝时期的九十六刻度标准。这样，一昼夜24小时对应九十六刻度，每小时刚好可以划分成四等份。这就成为我们今天用"刻"表示15分钟时间的由来。

　　除了"刻"，现代时钟的表盘一般都有十二个大的刻度表示"小时"，同时也可以表示"五分钟"。这样，每五分钟就对应一个数字刻度。正是由于这种原因，目前在我国香港以及其他一些地区，人们还常常把"五分钟"称为"一个字"，比如说"七点两个字"，指的就是"七点十分"。

zi

其实，"字"表示刻度等意思，这完全是后来借了它的字形和读音，而它本来的意思是"在屋子里生育"。它的金文字形是𡥀，上半部分的宝盖头"宀"原来也是一个字，是房屋形状，读作mián；字的下半部分"子"，古文字形体就是大头婴儿形状，表示婴儿或幼儿。

由此可见，"文字"的"字"应该也包含"繁衍、能产"等意思。这一点我们从许慎《说文解字序》中恰好找到了依据。许慎的序中有这样几句话："仓颉之初作书也，盖依类象形，故谓之文；其后形声相益，即谓之字。文者，物象之本；字者，言孳乳而浸多也。"显然，"文"指的是事物的纹理和线条。这正是象形字的基础。而"字"则是通过"形声"造字法波及更多的字。因此，才造成了今天我们的汉字系统中，形声字占绝对多数的局面。这种浸润和繁衍，不也正是我们古老而又年轻的汉字的生命力之所在吗！

第二部分

数目字中的学问

第六章 "数"和"数字"的来历

在这个部分你将了解到下面这些字：

数	契	锲	算	筹	一	四	五	七	八
十	廿	卅	卋						

一 什么是"数"

我们的生活时时处处离不开"数"。从幼儿时期学"数数"开始，到小学、初中、高中把数学作为必修课学习，直至步入社会以后，几乎每个人的工作都或多或少地跟数字存在联系。而我们每天的生活，更是跟各种形态存在的"数"分不开。计算时间要用数字，判断天气冷暖要用数字，出门购物消费要用数字，打电话与人联系要用数字，就连做饭烧菜都要靠"数"来把握食材与作料的配比。总之，"数"无处不在。

究竟什么是"数"呢？"数"字的甲骨文写法，我们在目前出土的甲骨文残片中没有见到。有人根据它的其他古文字形并结合史料推断，"数"最初在形体上表示的应该是用手（字的右半

shù

边）结绳（字的左半边）的意思，反映了先民结绳计数的一种原始记事方法，正如《周易·系辞》中所说的"上古结绳而治"。到了东汉，许慎在《说文解字》中说：数，计也。什么是"计"？又说：计，会也。筭也。再进一步考证，"筭"是"算"在古代的另一种写法。"算，数也。从竹从具。读若筭"。"数学"跟"算术"之间的联系由此可见。而我们也可以据此推导出，所谓"数"，就是计算。例如《左传·隐公五年》：归而饮至，以数军实。意思大致是说，回来以后祭祖告宗庙，清点军中人员物资及战利品的数目。《庄子·秋水》：喷则大者如珠，小者如雾，杂而下者不可胜数也。对这句话通常的解释是：喷出的唾沫大的像珠子，小的像雾滴，混杂着落下的不可以计数。这两个例子中用的都是"数"的计算之义。显然在这个意义上，"数"的读音应为shǔ。

当然，"数"的读音和意义并不是这样单一。根据《辞海》等权威工具书的记载，除了shǔ的读音及计算之义，"数"还有shù、shuò两种读音以及多达十几种意义。例如："数"读shù时可以表示"数目"，如《庄子·秋水》中有"号物指数谓之万"，意思是指称事物的数量叫做"万"；"数"读shuò时可以表示"屡次、多次"的意思，如《论语·里仁》中有"朋友数，斯疏矣"，是说如果朋友之间接触过多（也有解释说多次向朋友直言劝告），那么离关系疏远也就不远了，等等。"数"的其余这些意义都是在其"计算"义的基础上逐渐发展产生的。

二　古人如何计数

如何计数，是人类社会从诞生之日起，就不得不面对的问题。那么，古人是怎样解决这个问题的呢？除了结绳计数之外，古人还用过哪些计数的手段和方法？我们知道，人对世界的观察、思考和认识总是遵循由近及远，从熟悉到陌生的普遍规律，而人类思维的发展也是一个从简单到复杂的过程。按照这样的思路，远古的祖先最初对数的思考和表达一定也是通过身边熟悉的事物和唾手可得的东西。我们现在的物质世界极大丰富，各式各样的物品充斥左右，以至有时会发生选择困难症，然而对处于原始社会物资极度匮乏条件下的古人而言，这种选择却少之又少。在这种情况下，如同把自己的身体部位作为丈量事物的尺度一样，利用自己的身体部件，比如十根手指来计数是古人最自然、最简单的选择。正如古希腊的伟大哲人亚里士多德所指出的：今天十进制的广泛采用，只不过是我们绝大多数人生来具有十个手指这个解剖学事实的结果。可见数学的产生从一开始就是跟人用手指计数这一简单质朴的表达方式联系在一起的。

然而用手指计数毕竟有其显而易见的局限性，人只有十根手指，如果要表达十以上的数字该怎么办呢？这时候，利用身边那些随处可见的小石子成为古人的另一种选择。把石子摆在地上，需要多少用多少，这也是一种简单直观的计数方法。其弊端是石子堆容易遭到破坏，不易保存，人们需要更加实用、有效的工具和方法。在这种情况下，通过在绳子上打结和在树木、兽骨等物体表面刻痕来计数，作为经济活动的辅助手段，成为在文字发明以前，古人使用最多的两种计数方式。

顺便提一句，在表示记录、记载的意义上，"记"和"纪"是相通的，既有人用"记数"，也有人用"纪数"。而"计数"中的"计"则是统计、计算的意思。后者更能准确反映我们在文中所要阐述的意思，即古人如何表达"数"的概念和计算数目。所以文中统一使用"计数"一词，但是当引用其他材料时，仍采用其本来的写法。

结绳计数和刻痕计数这两种古老的计数方式都曾经在相对长的时间范围内和相对广的空间范围内被广泛应用着。我国一直到宋朝以后，南方仍有结绳计数的做法。更有人考察得知，结绳计数直到20世纪中期一直在云南的少数民族地区延续着。而且不止是中国，世界各地的不同民族都有类似的计数方法。据说，古秘鲁印加族人（印第安人的一支）用来打结的绳子名为"魁普"（quipus），表示的数目清楚、完备，用来登录账目、人口数及税收数。而直到今天，在欧、亚、非大陆的某些地方，仍然有一些牧人用在棒上刻痕的方法来计算他们的牲畜数量。

qì

契

文字反映文化。关于中华民族的原始文明，远古祖先的生活方式、思维方式等，我们可以通过分析汉字的古代形体得窥一二。前面提到，"数"字的古文形体就反映了结绳计数这种古文化现象。也有一些字，反映的是古人刻痕计数的习惯，比如"契"字。据考，"契"字的甲骨文形体只有现在的上半部分，近似于其小篆形体㓞，右边是一把刀，左边表示刻划的线条。因此，"契"的本义就是"刻"。因为刻的多是木，所以后来又在其下加了个"木"，成为"栔"。再后来下面的"木"被错误地写成

"大"，才有了今天"契"的字形。汉朝刘熙在《释名·释书契》中说：契，刻也，刻识其数也。清楚地说明了"契"就是刻，契刻的目的是帮助记忆数目。《诗经·绵》"爰契我龟"是说在龟甲上灼刻文字。后来，"契"也用来指代刻在兽类甲骨或竹木简上的文字。《周易·系辞》：上古结绳而治，后世圣人易之以书契。说的是后世用文字取代了上古的结绳记事，"书契"指的就是文字。因为这些刻有文字的竹木简经常被用作订立契约关系的凭证，因此"契"和"书契"也有"契约"的意思，我们今天常用的"地契""房契"等词的意思正源于此。至于"契"字在"默契"等词语中表示情义相投的意义，则是后来发展出来的。

现在有的人在写"契"字时在其右上角的"刀"旁加一点，写成"刃"，这是不对的。要记住，"契"字表示刻，字形从"刀"。

另外，当刻讲的"契"，后来还被加上金字旁，写作"锲"，表示用金属刀雕刻之义。成语"锲而不舍"的本来意思是指雕刻一件东西的时候，一直刻下去不放手。用来比喻做事情坚持到底，不半途而废或者有毅力、有恒心。《荀子·劝学》中说：锲而舍之，朽木不折；锲而不舍，金石可镂。既可以按照其本来的意思去理解，也可以按照其比喻义去理解。

继结绳计数、刻痕计数之后，聪明的古人又发明了一种更加高效的计数方式。他们用竹子、木头、兽骨等材料制成一些长短、粗细差不多的小棍子用来计算数目，不用时则把它们放在小袋子里面保存或携带。这些小棍子叫做"算筹"。《说文解字》曰：筹，壶矢也。《汉书·五行志》曰：筹，所以纪数。"筹"原本指的就是这种用于计算的小棍子，因为多用竹子制成，所以

qiè
锲

suàn
算

chóu
筹

算筹

字形从竹。"算"则是指用这种竹制工具进行计算。二者合在一起，形成合成词"筹算""算筹"。后来，"筹"和"算"各自都由"计算"之义引申出"谋划"的意思。我们现在经常使用的"筹划""筹谋"以及"打算""失算"等词的意义就是这样来的。

算筹是我国古代广泛应用的一种计算工具，它的出现年代现在难以考证，但据史料推测，至迟在春秋晚期战国初年时已经出现。算筹制作规范、体积小、便于携带，更利于精确计算，作为一种计数方式，显然要比结绳计数和刻痕计数成熟得多。事实也的确如此，一直到算盘发明推广之前，算筹都是我国古代最重要的计算工具。算筹计数法遵循十进位制，在世界数学史上是一个伟大的创造，跟世界上其他古老民族的计数法相比，具有显而易见的优越性。

说到这里，我们不得不说一说，我国古代在数学上的伟大成就的取得是跟古人对"数"的重视密不可分的。《后汉书·张衡传》中所谓"通五经贯六艺"，说的是张衡学识渊博，精通典籍，具备多种技能。关于"六艺"的所指，现代有不同的解释，其中一种根据《周礼·保氏》：养国子以道，乃教之六艺：一曰五礼，二曰六乐，三曰五射，四曰五驭，五曰六书，六曰九数。"六艺"是周朝官学要求学生掌握的六种基本才能：礼、乐、射、御、书、数。由此可见，古人对于"数"的学习要求和教育从那个时候就已经正式纳入教育体系了。正因为如此，才会有后来算筹、算盘等运算工具的发明以及《周髀算经》《九章算术》《海岛算经》《缀术》等数学经典的诞生。

三　数字是怎样产生的

　　东晋葛洪在其著作《抱朴子·钧世》中说：若舟车之代步涉，文墨之改结绳，诸后作而善于前事。时间流转，人类文明的车轮滚滚向前。我们的远古祖先尝试着使用简单的线条，来刻划他们所感受到的世界，记录自己的思考，文字就这样逐渐产生了。而将数字用文字来表现，就有了"一、二、三"……

　　不难推断，首先产生的汉字是"一"。作为最简单的汉字，在这短短的一横中却包含了无限可能。因为，一切从"一"开始。《史记·律书》云：数始于一。也就是说，"一"是一切自然数产生的源头。而我国古代哲学更是把"一"视为至高无上的万物之源，正如老子在《道德经》中所言：道生一，一生二，二生三，三生万物。再回到文字学本身，通过对古文字的形体分析，有人对"一"做出了这样的解释：它既可以代表天，例如"雨"字的篆文字形为雨，上面的一横就是"一"，表示雨从天而降；也可以代表

yī

一

地，例如"立"字的甲骨文字形为 ，下面的一横也是"一"，表示立于地上。

"二"和"三"显然是在"一"的基础上产生的，但是到了"四"，这种不断叠加横线的方式开始让人觉得繁琐。实际上，数字四在汉字中的确也曾有过用四条横线表示的写法，其甲骨文字形为 ，类似的写法在金文，甚至篆书中都出现过。然而今天的"四"却是通过汉字发展的另外一条途径来的，即借用已有的字形。"四"目前可见的较早的写法是其金文形体 ，有人认为它表示的是鼻子出气的样子；也有人认为，它像鼻中流涕，是"鼻涕"的意思。不管哪种说法，"四"表示数字都是因为读音的关系被借用来的，本来的意思则不再保留。

"五"的甲骨文形体为 ，像两根绳子交叉的样子。一种解释认为这是源于上古结绳计数，把绳子交叉表示五的记号；还有一种解释认为"五"本来表示的是"交错"的意思，后来被借用表示数字。

"七"字很有趣。它的甲骨文形体为 ，跟"十"非常像，是在横上加一竖，表示"切断"的意思。这个字形被借作数字七之后，表示它原来的意思时，就在旁边加了个刀的形体，由此产生了"切"这个字。

"八"的甲骨文形体为 ，是两个相背而略带弧形的笔画，表示"分开"的意思。用作数字之后，这个意思仍保留在一些由"八"组成的字中，比如"分、半"等。

"十"的甲骨文形体为 ，后来又有 、 等写法。这些字形看上去都非常简单，对它们却有不同的解释。有人认为其甲骨文字形表示的是手掌的侧视形状，我国古代常常用一掌代表"十"；

还有人认为它们表示的是在绳子上打了一个结，即古人用结绳的方式做的"十"的记号。

在"十"之上还有两个独特的表示数字的汉字"廿"和"卅"。有人延用结绳计数的说法，认为它们分别表示的是，把两根各打一结的绳子放在一起，和把三根各打一结的绳子放在一起，用以代表"十"的倍数"二十"和"三十"。也有人干脆认为"廿"和"卅"分别是两个"十"合写在一起以及三个"十"合写在一起。总之，可以肯定的是，"廿"和"卅"在造字上跟"十"有着密不可分的关系。这两个字现在多在书面上使用，比如，在老式日历牌上就常常可以见到它们的身影。跟表示相同意思的"二十""三十"比起来，它们既节约了空间，读起来也更顺口，是很好用的汉字。我国古代有"廿四风"的说法。古人把从小寒到谷雨八个节气中的每一节气分为三个候，共二十四候，对应于二十四花期，风则应花期而来。用"廿四风"来表示二十四番花信风，即简洁又朗朗上口。清代扬州八怪之一的著名画家金农也曾写过"廿四桥边廿四风，凭栏犹记旧江东"的著名诗句，描写古代扬州二十四桥的美景。

说到这里，不得不讲一讲另外一个似乎跟数字无关的汉字"世"。现在可以见到的较早的写法是它的金文形体Ψ，这跟"卅"的金文形体Ψ十分接近。实际上，二者表示的也是同样的意思，即"三十"。在我国古代，三十年为"一世"。《论语·子路》中说：如有王者，必世而后仁。这句话用我们现在的语言通俗地解释就是，建立一个新的王朝，必须经过三十年以后才能走上正规的发展道路。后来在这个意思的基础上，"世"才有了父子相继的世代以及我们常说的"一生一世"的意思。

niàn

廿

sà

卅

shì

世

"十"以上表示数字的汉字还有"百、千、万、亿"等，这里不一一阐释。值得说明的是，通过对我国商代甲骨文的考古发现证明，我国是世界上最早使用十进位计数法的国家。由于有了"一、二、三、四、五、六、七、八、九、十、百、千、万、亿"等这套完整的数字，使得我们的祖先能确切表示出自然数中的任意一个，领先于同一时代世界上的其他文明。这种计数方法一直沿用至今。

相关链接

数字为什么要区分大小写

　　汉字中为什么会有大小写两套数字？只有一套小写数字不够用吗？大写数字"壹、贰、叁、肆、伍、陆、柒、捌、玖、拾、佰、仟"是怎么来的？

　　根据明末清初著名思想家、史学家、语言学家顾炎武所著《金石文字记·岱岳观造像记》，唐朝女皇武则天时期所树立的石碑上，就已经有了大写数字。顾炎武的推断是：凡数字作壹、贰、叁、肆、伍、陆、柒、捌、玖等，皆武后所改及自制字。

　　而在同时期的诗文中也出现了大写数字的身影。例如：白居易的宋版《白氏长庆集》中《论行营状请勒魏博等四道兵马却守本界事》有这样的记述："况其军一月之费，计实钱贰拾漆（柒）捌万贯。"

到了明朝，账目中的数字一律改为大写数字。这是为什么呢？原来，是因为一桩著名的贪污案。明朝洪武十八年，时任户部侍郎的郭桓等人，勾结各省官吏舞弊，通过篡改账目上的数字盗卖官粮，涉案金额巨大。案发之后，明太祖朱元璋下令将郭桓等上上下下大小官员数万人治罪，同时制定了惩治经济犯罪的严格法令，并规定账目中的数字一律改用难以涂改的大写数字。因此，大写数字的使用实际上是财务管理上的一种技术防范手段。不过，这并非朱元璋的发明。

　　根据另外一些考古发现，早在公元4世纪前后，人们已经开始有意识地在券契中使用大写数字。

　　综合这些说法，有人得出这样的结论：大写数字是劳动人民在长期的社会实践中发明创造出来的；武则天承袭了民间的写法，大量使用大写数字，使之广泛化、普及化；朱元璋出于国家对经济领域整饬的需要，下令在全国范围内强制性使用完整的一套大写数字，从而完善并规范了大写数字的应用。

　　到了今天，小写的“一、二、三、四、五、六、七、八、九、十、百、千”用于一般场合；而在填写票据、合同、账目等特殊场合，则应使用“壹、贰、叁、肆、伍、陆、柒、捌、玖、拾、佰、仟”。

　　数字是古人认识世界、阐释世界的一种方式。我们可以透过古人对“数”的表达反观它们的内心世界。“数”这个字本身为我们揭开了古人计数的神秘面纱，汉语数字的大小写体系使我们得以一窥古人用"数"的智慧，而这些只是中华民族数字文化宏伟殿堂的一隅。让我们走进"数"的世界，去领略我们祖先所创造的灿烂文化，探索更多"数"的奥秘。

第七章　最小的和最大的数字

在这个部分你将了解到下面这些字：

零	微	忽	丝	毫	毛	馀	万	亿	兆

一　"零"是什么时候出现的

前面我们谈了"一、二、三、四、五、六、七、八、九、十、百、千、万、亿"这些表示自然数的汉字，细心的你或许已经发现，在这个序列中少了一个非常重要的成员："零"。

"零"是最小的自然数。我们常说，"一切从零开始"。然而我们祖先对数的认识却绝非是从"零"开始的。实际上，相比于其他数字，"零"的出现已经是很晚时候的事了。美国著名科普作家阿西莫夫在《数的趣谈》一书中曾经说过：从第一个数字符号开始计数到想出一个表示"无"的符号，竟占用了人类大约五千年的时间。

并非说"零"这个字本身产生得很晚。"零"字很早就有，但不是表示数字，而是有其他含义。"零"的字形从"雨"，因此

líng

零

不难看出，它的意思一定跟"雨"有关。《说文解字》曰：零，馀雨也。是说"零"本来用作动词，表示雨落下的意思。《诗经·东山》"零雨其濛"形容细雨濛濛的景象，其中"零雨"就是天上下着细雨的意思。"零"后来泛指雨、霜、露等落下乃至草木枯萎凋谢。例如《楚辞·远游》"悼芳草之先零"；《儒林外史》"蒲柳之姿，望秋先零"，"零"在其中表示的都是草木的凋落。在这个意思上，产生了后来的"零落""凋零"等词。"落下"的意思也可以进一步扩展，形容泪水向下流淌的样子。《诗经·小明》：念彼共人，涕零如雨。描写的是因思念而泪如雨下的状态。我们现在仍说"感激涕零"，用的也是这个意思。

"零"用来表示跟"数"有关的含义，既可以指零头，比如说人的年龄"八十有零、三十挂零"；也可以表示数的空位，例如："一百零一、三千零二十。"如果说表示零头的用法跟它本来的意义还存在丝丝缕缕的联系的话，表示空位的用法从源流上却很难找到联系，显然是因为读音的关系借用来的。那么，"零"是从什么时候开始这样用的呢？

据考，"零"表示数的零头，最早出现在宋代的文献中。例如：北宋包拯的奏议《择官再举范祥》"勘会范祥新法……二年计增钱五十一万六千贯有零"；南宋周密《齐东野语》"中气与节气，但有半月隔。若要知仔细，两时零五刻"。这里的"零"都是指数的零头。"零头"有零碎、不成整数的意思，现在使用的"零活、零钱、零食、零售、零用"等词都源出于此。

至于"零"的空位用法，据著名语言学家王力先生考证，最早到明朝的数学著作中才见出现，并仅限于在书面上使用，直到清朝时才进入口语。在明以前，如果数字中有空位就跳过去往下说，比如"3060890"读成"三百六万八百九十"。明清以后，文献中"零"表示空位的用例越来越多。例如：明代《兵科钞出题本户部题为囊饷告罄目前难支等事》中"通共三百零三万余两矣"，"零"表示十万位上的空位；《西游记》第九十八回唐僧从西天取回"五千零四十八卷经"，"零"表示百位上的空位；《红楼梦》第一回中出现了女娲氏炼成顽石"三万六千五百零一块"，"零"表示十位上的空位。

　　实际上，在"零"跟数字有关的用法出现以前，汉语中存在着另外一些相关的表示方法。早在商周时代就有用"又""有"等表示整数和零数关系的用例。例如：殷墟卜辞中常有"十犬又五犬"；《论语·为政》中有"吾十有五而至于学"，这里表示的都是"十五"的意思。后来又出现了用"丹""单""另"等表示空位或零头的用法。例如：《宣和遗事》"开一千丹八里汴河"；《水浒传》"一百单八将"；《三国志平话》"展开看之，乃二百单五年事"；"两时另五刻"等。南宋蔡元定的《律吕新书》中，把118098用文字表示为十一万八千□□九十八。这个"□"显然也是用来表示空位的，在古代读音与"围"相同。甚至有人认为后来的"〇"就是写"□"时写快了，方框变成了圆圈。不过，"又""有""丹""单""另""□"的这些用法仅限于一时一地，由于各种原因都没有延续下来。

二 "〇"是从哪里来的

当表示数字0时，汉语里还有一个特殊的成员"〇"。说它特殊，是因为它的形体明显跟其他汉字有别。我们常说汉字是方块字，是由横、竖、撇、点、折五种基本笔画构成的。而"〇"无论是从整个字形上看，还是从构成笔画上看，都"非我族类"。然而它的确常常被夹在汉字当中使用，比如"二〇〇八年、一〇一房间"等。《现代汉语词典》等一些权威工具书，也把"〇"收在líng这个读音之下，显然已经认同它作为汉字大家族一员的身份。因此，我们不妨把它视为一个特殊的汉字。

"〇"，公认是源于印度人发明的阿拉伯数字"0"。阿拉伯数字大约在13世纪传入我国。其中的"1、2、3、4、5、6、7、8、9"正好跟"一、二、三、四、五、六、七、八、九"相对应，唯独"0"落了单。当然可以借用"零"来表示，但是它的笔画较多，明显跟其他数字不相匹配。更重要的是，汉语的数位表达法跟阿拉伯数字系列数位表达法之间存在差异，汉语中的"零"具有"零余、畸零"的意思，因此不管有多少个空位，只需要一个"零"即可；而采用阿拉伯数字表达数量时，有多少个空位就需要多少个"0"来填补，因此有了"一亿零一"与"100000001"的区别。所以，人们就将阿拉伯数字"0"加以改造，使之成为更容易被中国人接受的"〇"。

从"0"到"〇"，看似只有形状上的微妙变化，却体现了中国人对外来文化从理解到接受，进而改造、消融的博大胸怀和无穷智慧。鸭蛋形的"0"不符合我国古人"天圆地方"的理念，因此变成了正圆形的"〇"。而汉语自古就有的"一、二、三、四、五、六、七、八、九、十"这套数字，也因为"〇"的加入而变得"圆满"。纵观汉字发展史，像这样通过对外来文化的吸收、融合而产生的汉字家族新成员还有很多。正是因为有了这些新成员的加入，才使得我们的汉字大家族呈现出今天这样缤纷多彩的面貌。

相关链接

"零"和"〇"的区别

"零"和"〇"分别对应于汉字中的大小写数字，即"零"跟大写数字"壹、贰、叁、肆、伍、陆、柒、捌、玖、拾、佰、仟"配套；"〇"则跟小写数字"一、二、三、四、五、六、七、八、九、十、百、千"配套。在填写票据、账目等需要使用大写数字的场合，用"零"而不用"〇"。在号码、年份等数字中，一般用"〇"不用零，比如"三〇二号、二〇〇〇年"等。

"〇"毕竟不是"地道"的汉字，它的用法比较单一，通常只在数目中使用，表示空位。而"零"无论意义还是用法都要丰富得多。前面曾经提到，在表示跟数字有关的意义时，它可以表示数的零头或者空位；还可以表示没有数量，或者数量极小，达到可以忽略不计的程度，例如："零风险、零距离、零增长"等；也可以表示某些量度的计算起点，例如："零点、零时、零度、零起点"等。除此之外，"零"还能用作形容词，表示零碎、不成整数的，以及用作动词，表示"落下"等含义。因此，在"挂零、零风险、零点、化整为零、零售、凋零"等这样一些非数字组合中，只能用"零"，不能用"〇"。

三　最小的"数"有多小

从数学上看，"〇"是一个非负非正的中性数。这个微妙的身份使得它既可以表示无穷小，也可以表示无穷大。区别只在于，它是处于小数点的后面，还是前面。那么，在"〇"产生以前，古人是如何表示这些无穷小的数和无穷大的数的呢？

据考，现存最早的关于小数的论述出现在魏晋时期著名数学家刘徽的著作《九章算术》中。他把"忽"作为最小单位，不足

九章算术

"忽"的数,统称为"微数"。显而易见,"微数"的微是"微小"的意思,"微数"就相当于今天的"小数"。

"小、细、少"是"微"字很早就有的、最主要的意义。《广雅·释诂》:微,小也。由"微"组成的大量词语,如"微风、微恙、微乎其微、见微知著、具体而微"等等,用的都是这个意义。而"微"字的其他意义,例如:在"式微""衰微"中表示"衰败";在"卑微""人微言轻"中表示"卑贱";在"微妙""微言大义"中表示"精妙、深奥"等,都跟它表示"小"的意义有着或多或少的联系。可见,用"微数"来指称小数点后面那些极小的数目真是再恰当不过了。

那么,"忽"又是什么呢?前面在讲计量单位的时候已经提过,它是我国古代的一个很小的计量单位,既可以表示长度,也可以表示重量。《孙子算经》曰:度之所起,起于忽。欲知其忽,蚕吐丝为忽,十忽为一丝,十丝为一毫,十毫为一厘,十厘为一分……意思是说,"忽"是度量的最小单位,其上分别是"丝、毫、厘、分"。从长度来看,10忽等于1丝;从重量来看,也是如此。而将"忽"这个单位与蚕丝做比,可见其细小的程度。因此,"忽"和"微"都有"小"的意思,将它们组合在一起,构成"忽微",就是极言细微。宋代欧阳修《新五代史·伶官传》中的名句:"祸患常积于忽微,智勇多困于所溺",用"忽微"指代小的方面或小事情,有的人将"忽"理解为"忽视",是不正确的。

"丝""毫"被用作很小的计量单位,都能从它们的字义上找到线索。"丝"字的甲骨文形体为𢇁,像两束丝,因此它最初的意思就是指蚕丝。"毫"本来是指鸟禽"细而尖的毛"。蚕丝和鸟类的毛都是微小的事物,二者相较,蚕丝更细,古人把"丝"和

wēi
微

hū
忽

sī
丝

háo
毫

"毫"分别用作"忽"之上的计量单位的缘由据此可以推断。当然，也有人用"秒"代替"丝"，因为"秒"本来是指麦芒一类的细小事物。

顺便提一句，跟"毫"意思相近的"毛"，也有"细小"的意思，比如"毛毛雨、毛孩子、毛贼"；我们还用它来表示"一元的十分之一"，比如"毛票""一块三毛六"等等。

发展到后来，"分、厘、毫、丝、忽"由最初作为具体计量单位的名称变成泛指小数点后面各个位数的名称。它们之间按十分之一的关系递减。"分"表示小数十分位上的数，即小数点后面第一位；"厘"表示小数百分位上的数，即小数点后面第二位；依次类推。至此，小数点后面五位数都有了归宿。

更小位数上的数怎么办呢？后世有人为这部分数字也取了名称。例如：南宋著名数学家秦九韶所著《数书九章》中有：末后一月钱，二万四千七百六贯二百七十九文，三分四厘八毫四丝六忽七微（无尘）七沙（无渺）三莽一轻二清五烟。这里的"无"表示在那个位置上没有数量，即"○"的意思。"微、尘、沙、渺、莽、轻、清、烟"显然是"忽"之下更小的单位。这些数字如果用现在的小数来表示的话，应该是24706279.3484670703125文。

说到这儿，你是不是产生了这样的疑问：既然小数点后面每个位置上的数都有了名称，那么小数点该怎么办呢？古人是否也给它起了名字？在我国古代数学专著中，这个小数点是用"余"字来表示的。"余"就是"餘"，它们在表示"剩下、零头"等意思时是相通的。"餘"字本来的意思是"饱足"。《说文解字》曰：餘，饶也。又曰：饶，饱也。而"饱"则是指食物充分，吃得满足。因此"餘"又有"多余、剩余"的意思。例如《论语·学而》：行

マオ

máo

毛

yú

余

yú

餘

有余力，则以学文。其中的"余"，即"馀"，就是"剩余"的意思。在此基础上，"馀""余"又发展出"零数"的意思。例如唐代白居易《卖炭翁》：一车炭重千余斤，"余"表示的是大数后面有零头。用"余"代替小数点，显然是表示其后面的数都是整数的剩余、零头，实在是恰如其义。

不难看出，我国古代十进制小数体系是伴随着对计量单位的不断细分而形成的。因为对计量精确度的要求不断提高，需要在基本单位之下做更细的划分，比如把"寸"分成十分之一、百分之一、千分之一，等等。在这一需求的促进下，古人对小数的研究达到非常深入的程度。

跟西方的小数表达不同，我们的祖先给小数点后面各个位置上的数都冠以名字，而不是直接读出数字，这可以说是我国古代数学的"中国特色"吧。

那么，用这套方法，最小可以表示多小的数字呢？清代由康熙皇帝御定编纂的《数理精蕴》中，记载了比个位小的"数"共18个。也就是说，当时对小数的表达可以精确到0.000000000000000001。这是多么不可思议的渺小数字啊！

四　最大的"数"有多大

当要表达无穷大的数量时，古人用了什么方法？涉及哪些字呢？

在汉语中，"万""亿"都是表示数量极多的数。

wàn

万

yì

亿

zhào

兆

　　"万"的繁体字形是"萬"。"萬"在甲骨文中的形体为 🦂 ，像是蝎子的形状。它本来的意思就是"蝎子"。后来被借用表示数字，原本的意思就消失不见了。据说，中国人早在商代就已经有了数字"万"的概念，甲骨文中已经发现的最大的数是3万。需要说明的是，"萬"简化成"万"，并不是我们现代的发明，"万"这个字形至迟在战国时就已经出现了，实在也是个"古老"的汉字。

　　"亿"也是被借用来的，它原来的意思是"安宁"。《左传·昭公二十一年》：心亿则乐。"心亿"就是"心中安适"的意思。《国语·楚语》：亿其上下。这个"亿"则是"使人安定"的意思。后来，"亿"被用来表示极大的数。究竟有多大，却有不同的解释：一种跟现在一样，表示"一万万"；另一种则表示相对小得多的"十万"。"亿"表示数的用法也是很早就有了。《诗经·伐檀》：不稼不穑，胡取禾三百亿兮。《诗经·假乐》：千禄百福，子孙千亿。《诗经·丰年》：万亿及秭。可见那个时候就已经出现了"三百亿、千亿、万亿"这样的大数目。当然这些数字指的都不是具体的数量，而是形容特别多、超级多的意思。

　　在"万、亿"之上更大的数目是"兆"。千万不要误会，古汉语中的"兆"跟今天表示计算机字节数量的"兆"绝不是一回事。

　　《说文解字》：兆，灼龟坼也。认为"兆"本来的意思是指古代占卜活动中，灼烧龟甲时产生的裂纹。这种解释被普遍接受。由此，"兆"有了"征兆、预兆"的意思。例如《商君书·算地》：此亡国之兆也。我们现在仍然常说"瑞雪兆丰年""这是个好兆头"，这跟"兆"最初的意思是一脉相承的。"兆"后来被借用表示极大的数目，跟"亿"一样，具体表示多少，也有不同的说法。

从相对较小的数目"一百万"，到较大的"一亿、十亿、一万亿"，甚至一万万亿都有记载。

因为表示极大的数目，"兆"又有了"极言众多"的意思，可以组成很多词。例如："兆物"指的是众多的事物，即世间万物；"兆古"指极遥远的古代，即远古、太古；"兆民"指众多的人民，也就是百姓。毛泽东在《祭黄帝陵》一诗中写道："亿兆一心，战则必胜。还我河山，卫我国权。""亿兆一心"就是"全国人民一条心"的意思。

"兆"已经是非常大的数目了，令人吃惊的是，我国古代在"兆"之上，还有过更大的"数"。只是不同文献的记载各有不同，综合起来，主要有"经、姟（gāi）、秭（zǐ）、选、载、极、壤、沟、涧、正"。其中，"经"也可以用"京"表示，"姟"也可以用"垓"表示。这些"数"到底有多大？举一个例子来说，"载"表示的是10的14次方。这是怎样的天文数字啊！

不过，除了"万""亿"以外，其他的那些大"数"，因为在日常生活中缺乏实用性，现在都不再使用了。

无论如何，单就"数"而言，在我们的汉字大家族中，既有"土生土长"的"零"，也有带点儿外国血统的"〇"；既有达到小数点后面十几位的"忽微小数"，也有拖着十几个"0"的"超级大数"，让我们不得不感慨汉字的"博""大""精""深"和"兼容并包"。

第八章　虚虚实实的数字

在这个部分你将了解到下面这些字：

一　"三"到底是多还是少

sān

三

　　北宋哲学家邵雍曾写过一首著名的启蒙诗："一去二三里，烟村四五家。亭台六七座，八九十枝花。"虽然不同版本在用词上稍有差异，都不妨碍这首诗作为巧妙运用数字的佳作被广为传诵。它巧就巧在把"一"到"十"这些数字用活了。这些"数"在这里指的都不是确切的数量，而是描写一个大概的程度，但是这种"虚"反而比实实在在的数量更写实。就像一幅淡雅的水墨画，寥寥几笔，把山村美景的恬淡意境勾勒得恰到好处。

　　在汉语中像这样对"数"的虚用有很多。我们在日常生活中常常会用到"两三块钱""三五个人""七八里路"等等这样一些表述，其中的"数"都不是确指的，而是用来说明一个大概的数量。

汉语中常用来表示虚指的"数"，首当其冲的是"三"。《道德经》：一生二，二生三，三生万物。《史记·律书》：数始于一，终于十，成于三。可见，数字到了"三"这里，既是一个小的终结，也是一个新的开端。

我国自古就有"人三为众，兽三为群"的说法。古人这种以"三"表多的思想在很多汉字的形体上得到了充分印证。有不少汉字就是通过将三个相同的形体叠加在一起产生的。例如："森"字的甲骨文形体为𣛧，像三棵树排列在一起，表示"树木丛生"之义。再如："晶"和"品"，前者的甲骨文形体𣊫，是把三个太阳堆在一起，表示"特别明亮"的意思；后者的甲骨文形体为𠱠，其中的"口"表示器物之形，三个"口"则表示器物众多，后来由此逐渐发展出"品种、等级、品评"等意义。像这样的字还有"磊、淼、鑫、毳、焱"等等，俨然形成了系列，只不过有些字形现在已经废除不用了。这些字最初都含有"众多"的意思。即使汉字的形体经历了几千年的演变，这种以"三"表多的方式在它们现在的字形中仍能一目了然。直到今天，还有一些饭店喜欢用"犇羴鱻"三个字做招牌，虽然不符合国家规范用字的有关规定，但是其中体现的汉字趣味和文化内涵的确吸引眼球。

"三"虚指表多的用例在古代文献中更可谓比比皆是。如果你对古汉语比较熟悉的话，对此应该就不会感到陌生。例如《诗经·硕鼠》：三岁贯汝，莫我肯顾。唐代诗人杜甫的《茅屋为秋风所破歌》：卷我屋上三重茅。这里的"三"都是概言其多。而出自《论语·述而》的名句：三人行，必有我师焉。其中的"三人"未必确指三个人，而是"几个人"的意思。

"三"不但自己可以虚指表多，跟其他数字组合在一起，也可以泛指多数。例如："三天两头、三番五次、朝三暮四、隔三差五"等等,这些数字组合都暗含"多"的意思。词语"再三",实际上也是"二"和"三"的组合。"再"表示两次,"三"表示三次,合在一起,泛指多次。

有的时候,"三"也被用来表示较少、较小的数量或程度。"三寸金莲"就是形容旧时妇女裹足后的小脚。《史记·平原君虞卿列传》:毛先生以三寸不烂之舌,强于百万之师。用"三寸之舌"跟"百万之师"做对比,反衬舌头的短小。显然,这里的"三"表示的是一个较小的数量。另外,像唐代诗人白居易《琵琶行》:"转轴拨弦三两声,未成曲调先有情"中的"三两声",以及"三言两语""三三两两"这样一些"三"跟"两"的组合,都含有"少"的意思。

那么,你是不是想问:"三"既表多,又表少,不是很奇怪吗?如果我们回头想想古代三生万物、数成于三的思想,就更有助于我们理解"三"这种忽"多"忽"少"的用法。因为,作为更大数目的开端,"三"可以表少;而作为较小数字的终结,"三"自然也可以泛指多。不过相较而言,"三"表多的情况更常见。

当然,作为"二"和"四"之间一个确定的自然数,"三"一定也有实指的功能。例如《论语·学而》:吾日三省吾身。这里的"三"就是实指,"三省吾身"是从三个方面反省自己。再如:很多人将"一问三不知"中的"三不知"理解为不知道的事情很多,认为"三"虚指表多,这是有问题的。实际上,这个"三"最初也是实指。这句话出自《左传·哀公二十七年》:"君子之谋也,始、中、终皆举之,而后入焉。今我三不知而入之,不亦难乎?"原意是说对事情的开端、过程、结果三个方面的情况都不了解。后来,

"一问三不知"的意思逐渐演变为对情况一无所知了。另外，像"三教九流、三姑六婆"也一样，其中的"三教、三姑、六婆、九流"都是具体有所指的，"三、六、九"都非虚指。

二 还有哪些"数"可以表多

"十"以内常用来虚指表多的"数"，除了"三"以外，非"九"莫属。

"九"的甲骨文形体为 ζ。对于这个形体所代表的含义，自古就有多种解释。其一认为，它像胳膊弯曲的形状，因此"九"最初就是"肘"的意思；其二认为，它摹拟的是龙的轮廓，因此"九"与龙有关；其三认为，它像虫子的形状。这些说法现在都难以求证，但是"九"常用来泛指多数、多次却是毋庸置疑的。司马迁《报任少卿书》：若九牛亡一毛。"九牛"是很多头牛的意思，并不一定确指九头。现在我们仍用"九牛一毛"来比喻在极大的数量当中微不足道的一点。屈原《离骚》：虽九死其犹未悔。"九死"是死很多次的意思。同样的意思还用在成语"九死一生"中，形容经历极大的危险而幸存下来。"黄河九曲、回肠九转"都是用"九"来表示弯曲之多。除此之外，汉语中大量带有"九"字的成语，如"三叩九拜、九九归一、十拿九稳、十室九空"等，"九"大都表示数量多、次数多的意思。

有人认为，"九"之所以具有表多的功能，从它跟"三"和"十"的关系中可以找到缘由。在十进制计数中，"九"是个位数

jiǔ
九

中最大的，也就代表了一个层级上"数"的极限；同时，"九"又跟"三"是倍数关系，可以放大"三"虚指表多的特性。

需要注意的是，要把"九"表示虚指、泛指的情况跟它确指数目的情况区分开。例如："九州"，相传是大禹治水时将夏朝管辖的疆域划分为九个州，后来成为中国的代称。这里面的"九"明显是个实数。至于后来发展出来的"九州"的诸多别称，如"九原、九囿、九围"等，则是借"九"来表示我国领土之辽阔。

"十"以上的数字，经常被用来概言多数的，有"十八、三十六、七十二"等。这些数字的共同特征是：都是"九"的倍数。因此有人认为它们表多的功能是从"九"那里来的。也就是说，当用"九"仍不足以表达一个大的数量时，这些跟它有倍数关系的数字就被派上了用场。

"女大十八变"是说女子在发育成长过程中，容貌性格等发生很多变化。"十八般武艺"泛指多种武艺。佛教中的"十八层地狱"，本来是按照受罪时间的长短以及罪刑等级的轻重，把地狱分成十八"层"，一层比一层更苦，但人们现在主要用它来形容地狱之深、苦难之重，而不是强调地狱一层一层直到第十八层。

"三十六计"，最早见于《南史·王敬则传》"檀公三十六策，走是上计"，后来发展为"三十六计走为上计"。最初所谓"三十六计"并无确切内容，是后人对它加以具体阐释，把"三十六"这个数目给做实了。"三十六行"也一样，泛指各种不同的职业，并由此衍生出"三百六十行"。

《西游记》中孙悟空的"七十二变"，是形容他本领高超，可以变化多端。

"十八、三十六、七十二"这样一些数字，从古至今人们爱用、常用，有时用它们指代确定的数目；有时用来虚指、约指数目；甚至有时，对同一个数字的使用会发生虚实变化，比如"三十六计"。这种对"数"的虚虚实实的运用所反映出的汉语"数文化"实在值得我们探寻。

我国很多地方的著名景点多以"九"或"九"的倍数命名。对诸如"九曲、十八弯、三十六峰、七十二洞、一百零八庙"这样一些名称，你一定不会感到陌生。不知你有没有思考过，这些数字的所指都是确定的吗？

三 "白发"真的有"三千丈"吗

唐代诗人李白《秋浦歌》中的名句"白发三千丈，缘愁似个长"，大家都再熟悉不过了。"白发"真的有"三千丈"那么长吗？当然不可能。这是诗人用的一种夸张的修辞手法。

"百、千、万"都表示比较大的数目，在汉语中常常被用来泛指数量很多。

"百"的甲骨文形体为 ⬧，下面是"白"，其上加一横，表示与"白"相区别。《说文解字》：百，十十也。也就是说，十个十为一百。后来，由具体的数目"百"，发展出表示"众多"的意思。例如《尚书·尧典》：播时百谷。"百谷"就是指众多的谷类。古代很多由"百"构成的词语，都有这样的意思，例如："百工、百官、百姓"等。

关于"百姓"，有必要多说两句。它最初指的是众多官员的

bǎi
百

姓氏，是对贵族的称呼。例如《诗经·天保》：群黎百姓，遍为尔德。大意是说，众多的庶民和贵族，普遍感化于您的美德。后来，逐渐发展为泛指平民。

含"百"的名词所指代的事物，其数目未必不多不少正好一百，有的可能不足一百，有的则超过一百。比如我国古代中原人将南方的众多部族合称"百越"或"百粤"，实际上这些部族的数量没有一百那么多；而《百家姓》中收录的姓氏数量远远超过一百个。它们都被冠以"百"，可见"百"也有泛指一类事物中的所有、一切种属的意思。

纵观古今，汉语中由"百"构成的词语实在举不胜举，"百"在其中都是概言其多。从"百货、百宝箱、百日咳、百叶窗、百褶裙"到"百年大计、百废待兴、百花齐放、百炼成钢、百战不殆、百折不挠、海纳百川"等，"百"真是让人百看不厌、百用不烦。

"千"的甲骨文形体为𐀀。有人认为它表示的是一个人形，下面附加短横，以示跟"人"相区别。《说文解字》：千，十百也。即十个一百为"千"。"千"也有泛指多的意思。比如形容钱财多用"千金"；形容重量大用"千钧"；形容时间久远用"千古""千秋"；形容路途遥远用"千里"；等等。

"千金"本来形容钱财多或贵重，也被用作对别人女儿的敬称，我们现在仍然这么用。不过，这个词最初用来指人时，却未必是指女孩。据唐代李延寿所撰《南史·谢朏传》记载，南朝人谢朏幼年聪慧过人，其父曾向人自豪地称赞：真吾家千金也。意思是说，真是我家的千金啊。据考，这是"千金"指人的首个用例，而谢朏则是一个不折不扣的男孩子。此后，历史上曾经有过一段时期是用这两个字代指出类拔萃的少年男子，发展到后来，

qiān

千

"千金"才成为女儿家的专称。

除了上面提到的例子，汉语中以"千"代多的用例还有很多。例如："千张、千层底、千斤顶、千夫所指、千载难逢"等。

"万"和"百""千"一样，作为一个大数，具有泛指多数的功能。例如："万花筒、万年历、万古长青、万劫不复、万籁俱寂、万马奔腾、日理万机"等。

wàn
万

"百""千""万"不仅各自单独使用，表示数量多，它们也常常互相搭配，形成汉语独有的四字格成语，强调数量之多、程度之深。例如："千疮百孔、千锤百炼、千方百计、千姿百态、千变万化、千军万马、千头万绪、千言万语、万水千山"等。

当把"百""千""万"这些大数，跟一个较小的数字，比如"一"对举时，更是以多衬少，强调数量或程度上的悬殊差别，例如："百无一是、百闻不如一见、千钧一发、千篇一律、万无一失、万众一心"等。诸如此类的表达在汉语中已经形成了"百……一……"等一些固定格式，用来形容达到极致、绝对的程度。

将一大一小两种数量并举，以达到反差强烈、对比鲜明的效果，更是文人惯用的艺术表现手法，在古代诗文中经常可以见到。例如《史记·淮阴侯列传》：智者千虑，必有一失；愚者千虑，必有一得。唐代王之涣《登鹳雀楼》：欲穷千里目，更上一层楼。李白《蜀道难》：一夫当关，万夫莫开。

"百""千""万"等本身就是大数，再跟表多的"三""九"结合，在古代诗文中常作为数量上的夸张用法，表示非常之多。"白发三千丈"就是这样一个典型的用例。再比如：北宋诗人苏轼《食荔枝》"日啖荔枝三百颗"；李白《望庐山瀑布》"飞流直下三千尺"；《庄子·逍遥游》"鹏之徙于南冥也，水

击三千里，抟扶摇而上者九万里"；《诗经·伐檀》"不稼不穑，胡取禾三百亿兮"。这样一些夸张的大数目，没有人会把它们当作确切无疑的数量，然而它们所具有的超强艺术感染力，却让人过目难忘。

从"三""九"到"十八""三十六""七十二"，再到"百""千""万"等，数字本身越大，用来泛指的数量也就越多。从这些丰富的用例中我们可以看出，语言的表达不总是"一是一，二是二"。这种亦实亦虚、虚实相应的表现力，正是语言的魅力之所在。

同时，"数"的这种复杂性也告诉我们，语言的理解不能单凭主观臆断，要搞清楚一个字、一个词的准确意思，有时候需要穷根究底、寻根溯源，花很多心思，而得到的回报，将是无穷的乐趣和收获学问的满足感。

第九章　数字中的吉凶祸福

在这个部分你将了解到下面这些字：

双	对	偶	耦	二	六	十	奇	歆	五
九	八	四							

一　中国人为什么喜欢偶数

数字从产生伊始就带着神秘的色彩。老子曰："一生二，二生三，三生万物。"古希腊哲人普洛克拉斯说："哪里有数，哪里就有美。"古希腊毕达哥拉斯学派认为"万物皆数"。抛却这些论断的科学性不谈，古代先哲们对数的重要性的认识可见一斑，数字被赋予的丰富内涵远远超出了"数"的本身。当原本理性的数字被披上一层神秘面纱，简简单单的数字也就有了好坏之分、吉凶之别。好的、吉利的数字人们都喜欢，而对不好的、不吉利的数字都唯恐避之不及。

那么，哪些数字"好"，哪些数字"不好"呢？这虽然有个人的好恶因素，但主要还是跟民族文化有关。

在我国传统文化中，崇尚对偶、对称的思想影响着人们生活的方方面面。不但我们的建筑、城市布局等体现出对称美的审美倾向，我们的语言也是一样。我国古代诗歌讲究"对偶"，即上下两句要字数相等、结构形式相同、意义对称。唐代诗人王勃《送杜少府之任蜀州》中的名句"海内存知己，天涯若比邻"，就是典型的对偶句。对偶的句子不但看上去整齐严密，而且读起来朗朗上口，体现了语言在节奏、韵律上的美感。

在中国人的思想意识中，成双成对的事物总是美好的。这种崇尚对偶、对称的思想反映在数字上，表现为中国人对双数，也就是偶数的偏好。"双""对""偶"这些字眼本身也都含有美好的意思。

shuāng

双

"双"字的篆文写法为𩅦，跟它的繁体字形"雙"近似。上面表示的是两只鸟，下面表示手。"双"最初是指手里抓着两只鸟，也就有了"一对"的意思。《玉台新咏·孔雀东南飞》：中有双飞鸟，自名为鸳鸯。"双飞鸟"就是一对飞鸟。不仅是鸟，很多两两成对的事物都用"双"来表示。例如：一双眼睛、一双鞋、一双袜子、一双筷子等。成对的事物如果拆开成单个的，就有了不和谐的意思。例如："析箸"，"析"是分开，"箸"指筷子，把一双筷子分开，就是分家，其中暗含着家庭不和睦或生活不顺遂。清代方文《寄怀齐方壶》：可怜半载丧二亲，弟兄析箸家酷贫。描写的是双亲去世，弟兄分家，家道贫穷的悲苦境遇。

duì

对

"对"本来的意思是"应答"。《论语·述而》：叶公问孔子于子路，子路不对。"不对"就是不回答。一问一答需要双方才能进行，所以"对"也有"面对、相对"的意思。很多由"对"构成的词语，都含有这样的意思。例如："对峙"指相对而立；"对酌"指相对饮酒。唐代诗人李白《月下独酌》中的名句：举杯邀明月，对影成三人。"对影"就是跟自己的影子相对。"对"做量词用时，也表示"两两成对"的意思，跟"双"相同。例如：一对情侣、一对鸳鸯等。

　　"偶"和"耦"在古代是相通的，与"奇"（jī）"相对。《说文解字》：二伐为耦。"耦"本来的意思是"二人并肩耕地"。"耦耕"是古代犁田的一种方式，是指两人合力耕种，后来泛指务农。东晋陶渊明的《辛丑岁七月赴假还江陵夜行涂口》：商歌非吾事，依依在耦耕。表达的是诗人对返璞归真的田园生活的热爱。后来，"耦"从二人并耕的意思，发展出二人一组的意思，也可以写成"偶"。因此，"偶"和"耦"都有"双数、成对"的意思。由这个意思再进一步，二者都有"和谐"的意思。凡和谐的，一定是美好的。宋代词人孙光宪在《酒泉子》中写道：燕成双，鸾对影，耦新知。一句话中连用了"双、对、耦"，描绘出一幅和谐美好的画面。

ǒu

偶

ǒu

耦

　　可见，"双""对""偶"都跟数字"二"有直接联系。

　　"二"是最小的偶数，有成双成对的意思。我们身边的很多事物都是由两个组成的，比如，人都有两只眼睛、两只耳朵、两双手、两只脚；不少对立的事物都可以一分为二，如"上下、左右、东西、前后、阴阳、正负"等。因此，人们自然而然地认为单个事物是不完整的，两个合在一起才完整、和谐。中国人送礼讲究送"双"不送"单"，比如点心要送两盒、酒要送两瓶，图的就是成双成对的吉利。特别是在婚庆仪式上，很多东西都要成双配对的，就连门上都要贴大红"囍"字，寓意喜上加喜、双喜临门。

èr

二

"二"和"两"及"俩"的区别

"二"和"两"作为数字，意思相同，但用法有别。

"俩"则是"两个"的意思，跟"两"用法不同。

这三个字，不仅是外国人学习中文的难点，就连中国人自己有时候如不小心也会用错。尤其是"两"和"俩"，一定要注意区分。

"俩"跟"两"最大的区别是"俩"后面不能再接"个"或者其他量词，而"两"后面可以带量词。因此，"咱们俩"和"咱们两个"意思一样；"两口人"中用"两"，不用"俩"。现代汉语中跟"俩"用法相同的词还有"仨"。例如：一共五个，我吃了俩，他吃了仨。

另外，"两"不仅表示数字，还可以作量词用。它是市制"斤"之下的度量单位。然而古时候，"两"这个量词用途很广，不仅是一个重量单位，还可以用在布匹、鞋履、车辆等方面。例如《左传·闵公二年》：归夫人鱼轩，重锦三十两。这里的"三十两"指三十匹布帛。再如唐代戴叔伦的《忆原上人》：一两棕鞋八尺藤，广陵行遍又金陵。这里的"一两"相当于"一双"。古代的马车一般有两个轮子，所以一辆车就是"一两"。例如《诗经·鹊巢》：之子于归，百两御之。"百两"就是一百辆车的意思。后来在"两"左边加了个"车"，就有了专门用于车辆的量词"辆"。

除了"二"以外,"六"也是深受中国人喜爱的一个偶数。古人相信,"六"跟"顺"有一定的渊源关系。《周易》中,代表"顺"的坤卦用数字表示就是"六六六"。因此,民间有"六六大顺"的说法。"六"也就成为一个具有浓厚吉祥色彩的数字。

中国人尚"六"体现在很多方面。比如在古代传统教育观念中,要求掌握礼、乐、射、御、书、数"六艺";熟读《诗》《书》《易》《礼》《乐》《春秋》"六经";具备知、仁、圣、义、忠、和"六德";关爱父、母、妻、子、兄、弟"六亲";等等。

中国人对"十"的喜爱也是显而易见的。《说文解字》:十,数之具也。《左传·僖公四年》疏:十是数之小成。这就是说,"十"是一个很完备的数。因此,"十"也有表示"齐全、完备"的意思,例如:"十分、十足、十全十美"。

追求"十全十美"的文化心理使得中国人视"十"为完整、圆满、吉祥的象征。我们过生日祝寿以及各种庆典每逢"十"年为大庆;而且凡事都爱凑成"十"数,作为标准数量,例如:"十大新闻事件、十大经典曲目、十大建筑、十大品牌、十佳员工、十佳产品"等。

二 奇数就一定"不好"吗

相对于偶数稳定、和谐、美好的寓意,奇数在中国人心目中带有不稳定的、容易偏斜的意味。

"奇"字读成jī这个音时,表示的是奇数。《说文解字》:

liù

六

shí

十

jī

奇

奇，一曰不耦。前面讲过，"耦"就是偶数，"不耦"就是奇数。古代很多"奇"的、单个的事物，都有偏或不好的意思。例如："奇左"指仅有左臂；"奇偏"指偏于一方面，即片面；"奇车"指不合制度的车。"奇"因为偏斜又有了"不顺"的意思。"奇人"指坎坷不遇之人。"数奇"形容命运不好，遇事多不利。唐代王维在《老将行》中写道：卫青不败由天幸，李广无功缘数奇。认为李广虽建立功勋却未被封侯是缘于其命运不济，明显是带有个人主观色彩的看法。

qī
欹

跟"奇"相关的还有"欹"字，也带有倾斜、不正的意思。"欹"和"侧"两个意思相近的字组合成"欹侧"一词，同样表示"倾斜、歪斜"之义。例如北魏杨炫之在《洛阳伽蓝记·闻义里》中写道：自此以西，山路欹侧，长坂千里，悬崖万仞。书法中常常使用"欹侧"一词，却不一定表示不好的意思，而是形容字形结构生动多姿、不呆板。

中国人崇尚偶数并不意味着对奇数就一概排斥。实际上，有几个奇数在我国传统文化中也是颇受欢迎的，其中的代表是"五"和"九"。

wǔ
五

人的每只手都有五根手指，数字"五"应该令屈指计数的古人颇感亲切吧。而十进制中也包含着以"五"进位的思想，例如"二五一十、三五十五、四五二十……"，因此，跟"十"一样，"五"也被当作一个相对完整、圆满的数字。中国人对"五"的喜爱体现在汉语中有大量由"五"构成的词语，其中不乏寓意美好的词语，例如："五福临门、五谷丰登、学富五车、五彩缤纷"等。

jiǔ
九

"九"恐怕是最具人气的奇数了。作为最大的个位数，"九"不仅是个"极"数，也是个"圣"数、"吉"数。"九五之尊"表示的是权势、地位都登峰造极的帝王。数字"九"正是帝王的象征。我国古代很多跟帝王有关的事物都冠以"九"数。青铜器中的"九鼎"象征的是至高无上的王权。成语"一言九鼎"则是形容说话有分量，能起很大作用。另外，皇帝周围要设"九卿"；京师要置"九门"；北京故宫和天坛的建筑多体现为"九"数，比如故宫三大殿的高度都是九丈九尺；各殿台阶的级数都是九阶或其倍数；而紫禁城的房屋数量，据说共有九千九百九十间半。

中国人的尚"九"之风，在民间的集中体现是九月初九重阳节。"重阳"一说源于《周易》"以阳爻为九"。九是阳数之极，九月初九刚好是两个极阳之数叠加在一起，所以谓之"重阳"。在我国，重阳节的历史十分悠久，在这一天登高、插茱萸是流传了千年的传统风俗。据南北朝人宗懔《荆楚岁时记》记载："九月九日宴会，未知起于何代。然自汉至宋未改。今北人亦重此节。佩茱萸，食饵，饮菊花酒，云令人长寿。"可见重阳节自古就被赋予长寿的主题。今天，我国将重阳这一天定为"敬老日"也正是承袭了这一传统。

西方人对奇偶的看法与我们恰恰相反。他们视偶数为不祥，认为偶数隐含分裂之义。据说，俄罗斯人对奇数和偶数的概念十分迷信，给活着的人送花一定要用奇数，给死去的人献花才用偶数，否则就犯了忌讳。而我们的近邻日本人也偏爱三、五、七等奇数，尤其是"三"。他们在参加婚礼送礼金时，惯于包"三万""五万"日元的红包。因为偶数都是可以二分的，日本人认为这容易使人产生两个人分开这样不好的联想。

三 中国人为什么对"八"情有独钟

要说从"一"到"十"中国人最喜欢的数字，那么非"八"莫属。无论是电话号码，还是车牌号码，带有数字"八"的一定受欢迎。如果有连续好几个"八"，那更会令很多人不惜重金，趋之若鹜。曾经一段时间，新闻中不乏关于某地的"八"连号车牌被卖到天价的报道，可见"八"在很多中国人心目中的确"价格不菲"。

中国人之所以对数字"八"如此情有独钟，跟语言中的"谐音"现象有关。所谓"谐音"就是字与字之间，或者词与词之间读音相同或相近。汉语中的谐音现象很多，由此造成一些重要的文化现象，一个典型的例子就是"送钟"和"送终"。由于这两个词发音相同，中国人给人送礼避讳把钟表作为礼物。外国人不懂得这个禁忌，有时会导致很尴尬的局面。

数字"八"跟广东话中的"发"字谐音，因此，这个数字在我国广东、香港等地区意味着繁荣、财富和地位。近几十年，伴随着珠三角地区经济上的飞速发展，该地区的方言、文化也对我国其他地区产生影响，这种喜"八"的地域性文化成为全国范围的普遍现象。北京奥运会开幕式的时间定在2008年8月8日晚8时，充分说明了中国人对"八"大吉大利身份特征的认可。

然而从历史上看，中国人对数字"八"的态度是比较复杂的。前面曾经提到，"八"本来是"分开"的意思。《说文解字》：八，别也，像分别相背之形。清代著名训诂学家段玉裁为之注释曰：今江浙俗语，以物与人谓之八，与人则分别矣。也就是说，在那个时候的江浙地区方言中，给人东西叫做"八"，与人分别也叫做"八"。从这个角度看，"八"不仅跟发财没有关系，而且恰恰相反。所以我国有些地区至今仍然是很忌讳"八"这个数字的。

即使在广东话中，"八"也带有一些不好的含义。比如当地把爱嚼舌头、说闲话的妇女叫做"八婆"；把扯闲话叫做"八卦"。

但是从其他一些方面看，"八"在我国传统文化中的确也是个不容小视的数字。相传佛祖释迦牟尼的诞生日是农历四月初八，并且于农历十二月初八那一天得道成佛，因此"八"在我国佛教文化中特别受到重视。同样，在道教中，妇孺皆知的"八仙"，以及《周易》中的"八卦"都是以"八"命名，为"八"增添了许多神秘色彩。

因为谐音而被另眼看待的数字还有"九"。"九"与"久"谐音，不仅跟长寿有关，也被现代人认为带有爱情"天长地久"的美好寓意。当年一首流行歌曲《九百九十九朵玫瑰》，唱红了玫瑰花，也唱红了数字"九"。时下年轻人给心上人送玫瑰，似乎不凑够"九十九"朵就不足以表达爱意。乃至花店里由九十九朵玫瑰扎成的花束俨然成为一种特定的规格。

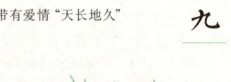

jiǔ

九

有吉利的谐音，当然也有不吉利的谐音。数字中受谐音影响遭人厌恶的是"四"。因为"四"跟"死"发音接近，很多

人不喜欢这个数字，在可能的情况下都尽量避开"四"。

"四"代表不吉利，不是中国独有的现象，同属汉字文化圈的日本、韩国也把"四"视为不吉利的数字。因为在日语、韩语中"四"的发音也跟"死"相近。据说韩国人在表示楼层的时候不太喜欢用"四"。

"四"其实在传统上也是个吉利的"好"数。汉语中很多表示空间方位的概念都跟"四"有关，例如："四方、四面、四海"等。可见"四"跟我们所处的周遭世界有关，表示的是一个完整、全面的概念。"四通八达、四海升平、四平八稳"等词语都带有周全、安定的积极意义。中国人逢年过节喜欢吃四喜丸子。有些地方的婚俗中讲究送"四样礼"。这都说明中国人传统上不但不排斥，甚至是喜欢"四"的。

数字中跟谐音有关的现象，还要说一说"二百五"。"二百五"在汉语中是一个不太好的字眼，是对看似傻头傻脑，办事鲁莽、不讲分寸的人的调侃之辞。可是，一个数字是怎么跟这样一种不好的意思发生联系的呢？关于"二百五"的来历，有很多说法。其中一种认为，我国古时候的银子以五百两为"一封"，二百五十两刚好是"半封"，而"半封"与"半疯"谐音，所以"二百五"就间接地成了一个讥讽人的词语。

语言中的谐音现象带给人丰富的联想。最近几年，诸如520代表"我爱你"，521代表"我愿意"，1314代表"一生一世"等数字谐音大行其道，每一串数字都对应着一句语音上相关的话语。通过谐音，数字摇身一变，成为人际交往中心领神会的"暗语""密码"，具有不可思议的神奇魔力。

⟷ 相关链接

为什么"七十三岁""八十四岁"不吉利

我国民间流传着"七十三、八十四，阎王不接自己去"的俗语。意思是说，七十三岁和八十四岁，是两个不吉利的"坎"。这又是从何说起呢？

原来，这和我国古代的两位圣贤——孔子和孟子有关。相传，孔子是在七十三岁的时候去世的，而孟子去世的年纪刚好是八十四岁。人们把这两个年龄推衍到所有人的范畴，认为连圣人都迈不过去的"坎"，普通人就更难说了。所以一般老人到了这样的年纪都会格外注意，家人也不会选择在这两个年龄给老人祝寿。可见，这是人们将毫无关联的事情主观地联系到一起，实在是没有半点科学依据。

从古至今，中国人的生活通过各种方式跟数字发生着联系。或"好"或"不好"，或"吉"或"凶"的数字渗透到艺术、文学、语言的各个角落，影响着人们生活的方方面面。古代人但凡兴兵动武、婚丧嫁娶、迁居远行，都要查黄历、拣日子；而现代人挑号码、选楼层、送礼品，事事都要辨别个数字"好坏"。实际上，传统文化因素也好，谐音、类比联想也罢，所谓数字的吉凶祸福，归根结底都是毫无科学依据的迷信而已，信与不信，全看个人的选择。

第十章　数字的丰富"表情"

在这个部分你将了解到下面这些字：

壹 贰 参 叁 肆 伍 什 佰 仟 驷

一　数字也有表情吗

汉语中的数字，除了计数的功能外，还具有或实或虚的所指，或褒或贬的色彩，或吉或凶的寓意，其内涵远远超出"数"的本身。

很多数字，小写的也好，大写的也好，在用作数字之前，本身都具有丰富的含义，仿佛带有生动多彩的"表情"。这些含义有的只保留在古汉语当中，有的则通过各种方式传承下来。

大写数字"壹"，本来的意思是"专一"。《说文解字》：壹，专一也。例如《荀子·大略》：君子壹教，凝子壹学，亟成。大致的意思是说，无论教与学，只要专心致志，就能很快取得成就。再如《左传·文公三年》：与人之壹也。"壹"就是"专一、无贰心"的意思。由此产生的"壹心""壹德"这样一些词语，都

yi

壹

有"同心、专心、一心一意"的意思。"专一"一词最初写作"专壹"。例如《左传·昭公二十年》：若琴瑟之专壹，谁能听之？"壹"从"专一"的意思又产生"统一、一致"的意思。例如《商君书·赏刑》：圣人之为国也，壹赏，壹刑，壹教。意思是说，圣人治理国家的办法是统一奖赏，统一刑罚，统一教化。因此，最初在壹同、壹统、壹体等带有"统一"含义的词语中，也是用"壹"不用"一"。后来，"壹"被借作数字"一"的大写，而它原有的这些意义也可以用"一"来表示。到了今天，"壹"只剩下作为大写数字的用法，其他意义都转移到了"一"的身上。

　　"贰"与"壹"实际上是一对反义词。大写数字"贰"，本来是指"副的"，与"正"相对。例如《周礼·天官》：乃施法于官府，而建其正，立其贰。这里的"贰"指的是副职。《周礼·秋官》：皆受其贰而藏之。这里的"贰"指的是副本。从"副"的意思发展出"辅助、协助"的意思。例如《后汉书·仲长统列传》：秦兼天下，则置丞相，而贰之以御史大夫。意思是，设御史大夫辅助丞相。"贰"又从"辅助、协助"的意思进一步发展出"从属二主"的意思。"从属二主"也就意味着"不专一"。所以，"贰"刚好跟"壹"的"专一"之义相反，表示"不专一、有二心"。例如《国语·周语》：其刑矫诬，百姓携贰。大概意思是说，刑法不公，老百姓因此有了二心。"贰心""贰臣"等词语就是这样来的。不过，"贰心"中的"贰"也可以写成"二"，"贰臣"中的"贰"却无论如何都不能写成"二"。

　　大写数字"叁"在古代跟"参"是相通的，"叁"是后起的字形。"参"最初是星宿的名称，二十八宿之一，读作shēn。《诗经·小星》：维参与昴。"参"和"昴"都是星宿名。《说文解字》：

参商，星也。"参商"是指参星与商星。这两个星宿不同时出现在天空中，即所谓"参商不相见"，因此人们常用"参商"来比喻亲友分隔两地不得相见，或者人与人之间感情不和睦。例如唐代诗人杜甫在《赠卫八处士》中写道：人生不相见，动如参与商。三国曹植的《与吴季重书》中有：面有逸景之速，别有参商之阔。意思是说：见面如同飞奔的光阴那样快，离别像参星与商星那样遥远。

"参"有多种读音、多种意义。当它读sān时，就当"三"用。不过它主要表示"三分"之义，跟"三"作为自然数的用法有区别。例如《左传·隐公元年》：大都不过参国之一。意思是说，大都邑的城墙不能超过国都城墙的三分之一。《左传·昭公三年》：民参其力，二入于公，而衣食其一。"民参其力"就是把老百姓的力量分成三份的意思。后来，"参"的这个读音和意义，也可以写成"叁"。再后来，"叁"就专门用作数字"三"的大写形式了。而"参"的shēn音，以及另外两个读音cān和cēn仍用原来的字形表示，不再具有sān的读音和意义。这是汉字分化的必然结果。

大写数字"肆"，本来的意思是"摆设、陈列"。《广韵》：肆，陈也。《诗经·行苇》"肆筵设席"，意思就是摆设筵席。"陈列"之义用在人的身上，是指将力量、才智充分表现出来。例如《后汉书·承宫传》：（承宫）后与妻子之蒙阴山，肆力耕种。"肆力"就是"尽力"的意思。晋代葛洪《抱朴子·崇教》：肆心于细务者，不觉儒道之弘远。"肆心"就是"用心、尽心"的意思。这个意思用在做不好的事情方面，就是指不顾一切、任意妄为。例如《左传·昭公十二年》：昔（周）穆王欲肆其心，周行天下。说的

sān

叁

sì

肆

是周穆王随心所欲，肆意妄为。现在仍然常用的"肆虐、肆无忌惮、肆意、放肆、恣肆"等词语都是在"肆"的这个意义基础上产生的。

"肆"还有一个意思，是指作坊或店铺。《论语·子张》曰：百工居肆以成其事。意思是说，各行各业的工匠在作坊内完成自己的工作。《后汉书·王充传》中写道："（王充）家贫无书。常游洛阳市肆，阅所卖书。"这里"市""肆"并列，"市"指集市，"肆"指店铺。成语"鲍鱼之肆"指的是卖咸鱼的店铺。因为鱼常腐臭，所以用来比喻恶人之所或小人聚集之地。北齐颜之推在《颜氏家训·慕贤》中写道：与善人居，如入芝兰之室，久而自芳也；与恶人居，如入鲍鱼之肆，久而自臭也。颜氏将芳香的"芝兰之室"与腐臭的"鲍鱼之肆"作对比，阐述了近朱者赤，近墨者黑的观点。

二 哪些字中含有"数"

不仅数字本身具有丰富内涵，它们还通过参与构成汉字，把"数"的"表情"带到其他汉字当中。"伍""什""佰""仟""驷"等字中，都可见到数字的影子。

大写数字"伍"，最初的意思就是"五个人"。《管子·小匡》曰：五人为伍。古代军队的编制，五人为一个基本单位，称作"伍"。五伍为"行"，因此"行伍"一词也借指军队。《史记·陈涉世家》：蹑足行伍之间。大概意思是说，陈涉是个出身于军队

wǔ

伍

的部卒。古代的户籍，五户人家也叫"伍"。《逸周书·大聚》曰：五户为伍。"伍"在这些意义基础上，又有了"同伙"的意思。例如《史记·淮阴侯列传》中有：生乃与哙等为伍。"哙"指的是西汉开国功臣樊哙。这是一个著名的历史故事，讲的是：刘邦建立西汉政权之后，封樊哙为舞阳侯，担心大将军韩信拥兵自重，将其降为淮阴侯。一次，韩信去拜访樊哙，做狗肉生意出身的樊哙跪拜迎送。事后，韩信因后悔自己竟与樊哙这样的人为伍而感到羞愧。后来，人们就用"羞与哙伍"或"耻与哙伍"来比喻不屑与某些人为伍。

shi

什

《礼记·祭义》曰：军旅什伍。唐代经学家孔颖达对这句话的注释是：五人为伍，二伍为什。可见，"什"跟"伍"一样，也是表示集体概念的，即十个人。因此，"什伍"一词也可以用来泛指军队的基层建制。户籍上也一样，十户人家叫做"什"。《管子·立政》曰：十家为什，五家为伍，什伍皆有长焉。说的是古代的户籍管理制度，以"伍"和"什"为单位，均设专人管理。《诗经》中的"雅"和"颂"都是以十篇为一什，所以后代的人用"篇什"一词指代诗篇。例如宋代苏轼在《艾子杂说》中写道：闻足下篇什甚多，敢乞一览。这句话的意思是，听说您的诗作颇丰，请允许我拜读。再如郑振铎在《中国俗文学史》中写道：最可注意的是《西调鼓儿天》，这是"一套"咏思妇的最好的篇什。"篇什"这个词至今仍然活跃在文学研究领域。

在表示数字时，"什"跟"十"意思相同，但是多用于分数和倍数方面。例如《史记·高祖本纪》：会天寒，士卒堕指者什二三。"什二三"就是"十分之二、十分之三"的意思。我国历代王朝都有向农民征收赋税的制度。孟子曾经表达过"什一而税，王者之政"的思想。意思是说，让百姓将收获的十分之一上交赋税，是贤明君主的做法。东汉的荀悦在《汉纪》中也说：古者什一而税，以为天下之中正也。可见古人公认的合理赋税是十分之一。"什"不仅可以表示"十分之几"，也可以表示"十倍"。例如《孟子·滕文公》：或相倍蓰，或相什百。这里的"倍""蓰""什""百"分别指的是一倍、五倍、十倍、百倍。

"什"从"十"的意思还发展出"多种、杂样"的意思。"什物"泛指家庭日常应用的衣物及零碎用品。例如鲁迅《南腔北调集·为了忘却的纪念》：在一个深夜里，我站在客栈的院子中，周围是堆着的破烂的什物。"什锦""家什"等词语也都是从这个意思来的。

跟"伍""什"类似的还有"佰""仟"等字。"佰"和"仟"也都是表示集体的名词，源于古代军队编制，分别指百人和千人。《史记·陈涉世家》：俯仰仟佰之中。是说陈涉做过军队中千人、百人的首领。不过，"佰""仟"的这个意义在现代汉语中都没有保留下来。

数字不仅可以用在人身上，也可以用在动物身上，比如"驷"字。《说文解字》曰：驷，一乘也。我国古代一辆车驾四匹马，"驷"指的就是驾一辆车的四匹马，也可以指四马所驾的车。古代四马一车称为"乘"，乘的多少象征着一国实力的大小。因此，有"千乘之国""万乘之国"的说法。例如《庄子·人间世》：结驷千乘。有上千驾四匹马驾的车，可见声势之浩大，气势之壮观。后来，"驷"也可以泛指马。《荀子·礼论》曰：若驷之过隙，然而遂之，则是无穷也。这里的"驷"就是马。"驷之过隙"大概相当于"白驹过隙"的意思，形容时间过得飞快，转瞬即逝。《史

bǎi
佰

qiān
仟

sì
驷

四匹马驾的车

记·孙子吴起列传》中记载了"田忌赛马"的故事。田忌所用的计谋是：以君之下驷与彼上驷，取君上驷与彼中驷，取君中驷与彼下驷。其中的"上驷""中驷""下驷"分别指的是上、中、下等马。然而，"驷马"一词指的是拉一辆车的四匹马，而非某一特定种类的马。古时候能乘坐四匹马驾的高车的人必是达官显贵，所以"驷马"也意味着地位显赫。唐代许浑在《将赴京师，留题孙处士山居》中写道：应学相如志，终须驷马回。意思是说，要像司马相如那样，驾着高车驷马，衣锦还乡，表达了古代读书人的抱负。四匹马驾的车也意味着跑得很快，因此，人们用"驷马难追"来比喻说出的话难于收回，或者既成的事实不能挽回。宋代欧阳修的《六一笔记》中有："俗云：一言出口，驷马难追。"这大概就是我们常说的"一言既出，驷马难追"的来历吧。

像"驷"这样源于"四"的字还有"牭"，读作sì，指的是四岁的牛。不过这个字现在已经很少使用了。

在我国古代，所谓的"车"一般指马车。马和马车都是重要的交通工具。人们根据身份地位等级的高低乘坐不同的车。车有四匹马驾的，也有三匹马驾的。驾一辆车的四匹马叫做"驷"，驾一辆车的三匹马叫做"骖"。《说文解字》曰：骖，驾三马也。《诗经·采薇》中有：载骖载驷，君子所届。描绘的是诸侯乘着三匹或四匹马驾的大车，去朝见天子的壮观场面。由三匹马驾的车，中间的马叫做"辕马"，两边的马也叫做"骖"。例如《诗经·大叔于田》中有：两骖如舞。大概是形容骖马飞奔的情景。陈毅的著名诗句"停骖问我意如何"，"停骖"也就是勒马停下的意思。

◆◆ 相关链接

词中的"数"

五服　在一些闭塞的农村，适龄男女谈婚论嫁的时候，家中的老人总要查查家谱，看双方是否出了五服；缔结婚约，宴请宾朋，也要通知到五服之内的亲友。"五服"是什么意思？要想说清楚这个问题，得从我国古代的丧礼制度讲起。

在我国礼制中有为逝去的亲属服丧的制度。据《仪礼·丧服》记载，丧服按照服丧期限长短和布料粗细不同分为五种。亲属关系的亲疏程度不同，服丧的轻重程度不同，穿戴的丧服也不同。最重的如子女为父亲，妻子为丈夫等，最轻的则如男子为外孙、外甥等。亲属关系超出这个服丧范围的，叫做"出服"或"出五服"，不必服丧。虽然历史上不同朝代的服丧制度有所变化，但是"五服"区分血统亲疏远近的作用没有变。习惯上以五服以内为亲，五服以外为疏。出了五服，说明亲属关系比较疏远，即使同姓，也是可以通婚的。常言道，"远亲不如近邻"。所谓"远亲"并不一定意味着距离上住得远，而是说出了五服。而俗话说，"家丑不可外扬"，也是说把丑事的传播范围限制在本宗族之内。

三长两短　这个词经常用来指遭遇灾祸、事故或死亡。有一种说法认为，它跟棺木有关。古时候的棺木不用钉子钉，而是用皮条把棺材底和盖捆在一起。横向捆三道，纵向捆两道。横向的木板较长，纵向的木板较短，"三长两短"由此而来。因为棺木是装尸体用的，"三长两短"也就自然而然地跟灾祸、死亡等不吉利的意思产生了关联。只不过后来人们用钉子钉棺木，捆棺材的皮条也随之消失。但这个词语却一直流传下来，而且在现代汉语中经常使用。

还有一种说法认为，"三长两短"源于春秋时代越国铸剑大师欧冶子铸的五把宝剑。它们的名字分别叫：纯钧、胜邪、湛卢、巨阙和鱼肠。其中，纯钧、巨阙和湛卢是长剑，胜邪和鱼肠是短剑。据说，这五把神剑都锋利无敌、无坚不摧，取人性命更不在话下。因此，"三长两短"就成了灾祸和死亡的代名词。

语言的奇妙之处就在于，看似平淡无奇的字词，背后却蕴含着生动有趣的文化现象。单是汉语中的"数"，就可以做很多大文章，实在不是三言两语就能说清楚的，这里也只能举个一鳞半爪。只有了解了字词的深层含义以及背后的文化，才是真正掌握了它们，进而运用自如。那个时候，你将会发现，即使是"呆板"的数字，也一个个变得鲜活生动，仿佛带有喜怒哀乐的表情。

第十一章　隐藏在背后的数字

在这个部分你将了解到下面这些字：

子	孩	襁	褓	髫	龆	龀	冠	笄	长
寿	老	考	耄	耋	期	颐			

一　古人如何称呼儿童

虽然"数"无处不在，但是表达"数"的概念却不一定使用数字。汉语的很多字、词中都蕴含着"数"，其中比较典型的是表示年龄的词语。孔子曰：三十而立，四十而不惑，五十而知天命。"而立""不惑""知天命"就分别成了"三十岁""四十岁"和"五十岁"的代名词。这些词中都没有直接使用数字，"数"的概念隐藏在背后。

对于人的年龄的不同阶段，古人有着丰富多样的表达方式。

"孩子"一词很早就开始使用了。"子"的甲骨文形体为𝀹，是一个小孩的形象。"子"本来的意思就是指婴儿。《荀子·劝

zǐ

子

学》曰：干、越、夷、貉之子，生而同声，长而异俗，教使之然也。大意是说：干、越、夷、貉等民族的婴儿，刚出生时哭的声音都一样，长大后风俗习惯却不同，这是后天教化的结果。"子"从"婴儿、幼儿"之义发展出"子女"的意思，既可以指儿子，也可以指女儿。例如《列子·汤问》：子又生孙，孙又生子。这里的"子"指儿子。《韩非子·说林》：卫人嫁其子。这里的"子"指女儿。"子"用来专指儿子是后来演变的结果。由"子"构成的汉字有很多，例如："孕、孙、孝、学、字"等，它们的意思大都跟小孩有关。

"子"在古代还经常用作对男子的美称或尊称，比如大家熟悉的孔子、老子、孟子等。古人谈话时也会尊称对方为"子"。例如《左传·僖公三十年》中有这样一句话：吾不能早用子，今急而求子，是寡人之过也。这里的"子"就相当于今天的"您"。

"孩"本来的意思是"小儿笑"，在此基础上发展出"幼儿"之义。《孟子·尽心》中有"孩提之童"的说法。东汉经学家赵岐的解释是：孩提，二三岁之间，在襁褓知孩笑，可提抱者也。大意是说：孩提指的是两到三岁的幼儿，在襁褓中会笑，可以抱在怀中。"孩提"一词应该是从这里来的。"孩"和"子"都有"幼儿"的意思，可见，"孩子"一词是把两个意思相近的字组合在一起构成的。

"孩子"泛指儿童。而对于刚刚出生的幼儿，我们现在称为"婴儿"，古人也是如此。跟"孩子"一样，"婴儿"一词也是由两个意思相近的字组合产生的。根据《仓颉篇》的记载：男曰儿，女曰婴。也就是说，古代男孩称作"儿"，女孩称作"婴"。"婴儿"指的是不满一周岁的小孩。《道德经》曰：如婴儿之未孩。意思是说，好像还不会笑的婴儿一样。不过，根据《康熙字典》转引《释名》，也有"女曰婴，男曰孩"的说法。

跟"婴儿"表示同样意思的有"襁褓""赤子"等词。

根据《说文解字》，"襁"和"褓"本来的意思也很接近，都是指包裹婴儿的被子或布幅之类的物品。二者合在一起，表示背负婴儿用的宽带和包裹婴儿的被子，泛指婴儿包。例如《史记·蒙恬列传》：昔周成王初立，未离襁褓。后来，"襁褓"就被用来借指婴幼儿。宋代黄庭坚在《寄耿令几父过新堂邑作乃几父旧治之地》一诗中写道：白头晏起饭，襁褓语呕哑。将"白头"与"襁褓"相对，一指老人，一指幼儿。这句诗的大意是说，老人很晚起床吃饭，婴儿在咿咿呀呀地叫。

"赤子"也是指婴儿。例如《尚书·康诰》：若保赤子，惟民其康乂。孔颖达的解释是：子生赤色，故言赤子。"赤色"接近于红色。也就是说，因为初生儿的身体颜色发红，所以叫做"赤子"。"赤子之心"一词，是比喻像初生的婴儿一样纯洁的心。《孟子·离娄》曰：大人者，不失其赤子之心者也。大致意思是说，有德有才之人，都保有婴儿般天真纯朴的心。现在，我们也用"赤子"来比喻对故土怀有纯真感情的人，例如：海外赤子。

还有一个词，也是从颜色上形容儿童的，就是"黄口"。"黄口"本来是指雏鸟黄色的嘴，借用来形容幼小的孩童。有的时候也说"黄口儿"或者"黄口小儿"。例如唐代许碏《题南岳招仙观壁上》中有："黄口小儿初学行，唯知日月东西生。"跟"赤子"含有美好的意思相反，"黄口"暗含贬义。"黄口小儿"常被用来形容像孩童一样年幼无知，带有讥讽的意味。

发型、发式也是儿童与成年人相区别的一个重要特征，因

qiǎng

襁

bǎo

褓

此古人也用一些表示发型特征的词语来指称儿童，例如"垂髫、总角"等。

东晋陶渊明《桃花源记》中有"黄发垂髫"，"黄发"和"垂髫"分别指的是老人和儿童。《说文解字》曰：髫，小儿垂结也。"髫"指的是古代儿童下垂的头发。因此，"垂髫"代指儿童。与此相关，"髫龄、髫年"都指的是童年。

tiáo
髫

《诗经·氓》：总角之宴，言笑晏晏。这是形容小孩子在一起说说笑笑的愉快情景。古时候儿童的头发扎成两个发髻，形状如角，叫做"总角"。例如《红楼梦》：这院门上也有四五个才总角的小厮，都垂手侍立。"总角"也被作为儿童的代称。陶渊明在《荣木》一诗的序言中写道：总角闻道，白首无成。大概意思是说，我从小就聆听圣贤之道，现在老了仍然一事无成。

tiáo
齠

chèn
龀

对人和动物而言，也可以通过牙齿来看年龄的长幼。年龄的"龄"字形从"齿"，表示"年龄"之义，正说明牙齿状态是判断年龄的重要依据。对儿童来说，换牙是一个重要时期。根据生理状况的不同，女孩七岁、男孩八岁时，脱去乳齿，长出恒牙，叫做"齠"或者"龀"。例如《韩诗外传》中有：男八月生齿，八岁而齠齿。又有：女七月生齿，七岁而龀齿。"齠"和"龀"都是"儿童换牙"的意思。因此，"齠龀"一词指换齿之时，即童年。《东观汉记·伏湛传》：齠龀励志，白首不衰。大意是说，从小立志去做一件事情，到老依然热情不减。"齠龀"也被用来借指孩童。例如《水浒传》：天兵一至，齠龀不留。而古汉语中的"龀童"也就是指七、八岁左右，正值换牙时期的儿童。相应地，"齠年、龀年、龀岁"等词也都有"童年"之义。

这么多指代儿童的词语，如果按年龄排个序，应该是：

不满周岁：婴儿、襁褓、赤子

两三岁：孩提

七八岁左右：龆龀、龀童

十岁以下：黄口

孩子、垂髫、总角泛指儿童

二　古人多大算成年

前面说过，发式是儿童与成年人的重要区别。这种区别在古代表现得尤为明显。不管男孩女孩，一到成年就要举行特殊的成人仪式，改变发式，男戴冠，女配笄，分别叫做"冠礼"和"笄礼"。

guàn

冠

"冠"字从古文字形上看，最初是"用手戴帽子"的意思，由此演变为指帽子。不过古代的帽子跟现在的不同，更像是头上戴的一种装饰物，而且只有有身份的人才能佩戴。

冠礼是古代为贵族男子举行的加冠仪式，以示成人。具体做法是在宗庙中将接受冠礼的人头发盘起来，戴上礼

帽。《礼记·曲礼》曰：男子二十冠而字。意思是说，男子到了二十岁的时候，要戴"冠"并取"字"。只有"冠而字"的男子，才具备择偶成婚的资格。

《礼记·曲礼》：二十曰弱冠。意思是说，二十岁时身体尚未强壮，但要举行冠礼。因此，"弱冠"一词就用来指男子二十岁左右。清代袁枚在《祭妹文》中写道：予弱冠粤行，汝掎裳悲恸。大意是说，我二十岁左右前往广西，你拉住我的衣裳伤心大哭。

我国古代对冠非常重视。不仅男子成人时要加冠，而且冠一旦戴上，轻易不会摘下。《左传·哀公十五年》中记载了子路"君子死，而冠不免"的故事。讲的是孔子的重要门生子路在卫国期间遭遇政变，在激烈的战斗中，他冠下的丝缨被击断，就在他从容结缨正冠的瞬间，被人杀死。子路因此被后人看作是为捍卫冠冕威仪而死的第一人。

古代在戴冠这件事上不但尊卑有别，而且男女有别。在唐代以前，妇女是不能戴冠的。唐代以后，贵族女子才可以戴冠。所谓的"凤冠霞帔"，是只有贵族女子才有资格佩戴的装束。

与男子的冠礼相对，女子的成年礼叫做"笄礼"。《说文解字》曰：笄，簪也。"笄"就是古人盘头发或者别住帽子用的簪子。古时女子十五岁开始加笄，由家长替她把头发盘结起来，插上一根簪子。发式的改变意味着从此结束少女时代，已经成年，可以嫁人了。《礼记·内则》中有：（女子）十有五年而笄，二十而嫁。汉代经学家郑玄对此的解释是：女子十五岁时许配的，当年就束发戴上簪子；未许配的，二十岁时束发戴上簪子。后来，人们就用"及笄"一词，指称女子年满十五岁。例如《儒林外史》：鲁老先生有个令爱，年方及笄。而"笄年"是指女子初加笄之年，

ji

笄

即十五岁。例如白居易《对酒示行简》：复有双幼妹，笄年未结缡。意思是说，我还有两个年幼的妹妹，十五岁了，还没有嫁人。

在古代文学作品中，形容女子，尤其是年轻女子的年龄，有很多美好的词语，比如"豆蔻年华"。"豆蔻"是一种形状奇异的美丽花朵，古人常用来比喻少女。唐代诗人杜牧在《赠别》一诗中写道：娉娉袅袅十三余，豆蔻梢头二月初。这是形容十三四岁的女孩子，姿态轻柔美好，如豆蔻初放一般。因此，人们称女子十三四岁为"豆蔻年华"。

其他如女子十六岁称"碧玉年华"，二十岁称"桃李年华"，二十四岁称"花信年华"等，也都是拿美好的事物作比，形容女子的青春韶华。

三　多大年纪算长寿

长寿，从古至今一直是人类的梦想。汉语字、词中寄托了人们的这种美好期盼。

"长"的甲骨文形体为 ζ ，像是一个长着长头发，手拄拐杖的老人的形象。然而对于"长"最初表示的意思是什么，学术界却存在不同看法。

cháng
长

一种观点认为，"长"最初是用具体形象表达抽象意义，指时间或空间上距离较大，与"短"相对。例如《左传·文公十三年》：死之短长，时也。这里的"长"指的是时间长。再如《诗经·蒹葭》中有"道阻且长"。这里的"长"指的是距离远。由这个意思发展出"擅长；经常"等含义。例如《孟子·公孙丑》：敢问夫子恶乎长？意思是，请问阁下擅长什么？《论语·述而》：君子坦荡荡，小人长戚戚。大意是说，君子心胸坦荡，小人却常常患得患失。至于"长"表示"年老的、年长的"及其他相关意思，都是后来发展出来的。

但是也有人认为，"长"本来的意思就是指老年人，并由此有了"年纪大、年长"的意思。例如《论语·微子》：长幼之节，不可废也。意思是说，长幼之间的礼节不能废除。因为长者的生命比其他人长，所以"长"又可以表示"时间或者空间上距离较大"的意思，也就是"长久"的"长"和"长短"的"长"。"长"的其他意义也都是从"老年人"的意思直接或间接发展出来的。

《说文解字》曰：寿，久也。"寿"字本来的意思就是长寿。《诗经·天保》中有"如南山之寿"，是说寿命像南山那样长久。"南山寿、寿比南山"这些关于长寿的美好祝词都源于这里。

其实，汉字中跟"长寿"有关的不止"长"和"寿"，还有"老""考"等。

"老"字的甲骨文形体为𦒳，是一位手拄拐杖的老人形象。最初的意思是"年纪大的、年老的"。《宋书·食货志》：六十为老。《说文解字》：七十曰老。《管子·海王》注：六十以上为老男，五十以上为老女。可见，对于多大年纪算是"老"，不同的人有着不同的标准。综合来看，古代的"老"大约指的是五十岁到七十岁的年龄。

《说文解字》曰：考，老也。"考"的古文形体也是一个老人形象。它最初的意思跟"老"相同，也表示"年纪大"。《新唐书·郭子仪传》中有"富贵寿考"。"寿考"就是"长寿"之义，由

shòu
寿

lǎo
老

kǎo
考

"老"义发展出"死"的意思。过去称已故的父亲为"考"。例如
《礼记·曲礼》：生曰父，曰母，曰妻；死曰考，曰妣，曰嫔。意思
是说，活着的时候称为父、母、妻；死后就称考、妣、嫔。"如丧
考妣"一词就是形容极度悲伤，好像失去父母一样。不过这个成
语现在多含讽刺之义。

　　"长""老""考"古文形体接近，含义相同，只不过发展
到后来各自分化出其他意义，它们之间的联系就越来越不容
易被发现了。

　　那么，多大年纪才算"长寿"呢？这也是一个有着鲜明时代
特征的问题。因为，随着医学的发展和生活质量的不断提高，人
类的平均寿命也变得越来越长，"长寿"的标准必然随之变化。
不过，对于古人的"长寿"标准，我们仍然可以从汉语的字、词中
得窥一二。

　　唐代诗人杜甫曾在诗中感慨"人生七十古来稀"。后人因而用
"古稀"作为七十岁的代称。明代李贽在《观音阁》一诗中写道：
如何古稀人，不识三伏苦。说明"古稀人"已经年纪不小了，应该到
了阅尽人生甘苦的年龄。我们现在也用"年近古稀、古稀高龄"等
形容人年纪大。

　　在"古稀"之上，有"耄耋"。《说文解字》曰：年八十曰耋。
《幼学琼林·老幼寿诞》也说：八十曰耋，九十曰耄。所以"耄
耋"两字连用，指的是八九十岁的老人。三国曹操《对酒歌》中
有：人耄耋，皆得以寿终。《聊斋志异·钟生》中有：君无大贵，但
得耄耋足矣。这些都说明，耄耋高龄是古人追求的长寿目标。

　　"耄耋"再往上，是"期颐"。《礼记·曲礼》：百年曰期颐。
"期"是"要"的意思，"颐"是"养"的意思。人到了百岁高龄，

生活难以自理，诸事有恃于养，子女要尽孝道。所以，称百岁为"期颐"。宋代诗人陆游在《初夏幽居》中写道："余生已过足，不必到期颐"，足见诗人的豁达超脱。

在"古稀""耄耋""期颐"之外，民间还有很多关于寿命的表达方式。例如：七十七岁称为"喜寿"，因为"喜"字的草书形体很像竖着写的"七十七"；八十八岁称为"米寿"，因为"米"字拆开来很像"八十八"；九十九岁叫做"白寿"，因为还差一岁就是一百岁，而"百"字上面去掉"一"就是"白"；一百零八岁叫做"茶寿"，缘于"茶"字上面草字头的繁体写法是两个"十"，下面部分拆开来像八十八，加在一起刚好一百零八。这些说法结合汉字的形体特点表达了对长寿的期盼，既形象，又有趣。不仅在中国，在同属于汉字文化圈的日本也很流行。

总之，在我们的语言中，数字以各种各样的方式，或隐或显地存在着。数字之美、语言之美无时无处不在，就看你是不是善于发现，善于运用。

第三部分

透过身体感受世界

第十二章　神秘莫测的面孔

在这个部分你将了解到下面这些字：

面	脸	颜	额	题	颊	颐	颌	颔	颏
辅									

一　人有多少种"脸面"

在这个世界上，每个人都有独特的面孔，即使是比较特殊的双胞胎或多胞胎兄弟姐妹，他们的面孔也是有差别的。那么，从古至今，我们表示"脸面"的汉字都有哪些呢？它们在历史的长河中是否也发生过什么变化？

现在，我们经常用到的表示"脸"的字有："脸、面、颜、颊"等，而实际上，从古至今人们日常生活中用到的说法不止这几个。下面就让我们一起走进"脸"的世界去看一看。

《说文解字》曰："面，颜前也。象人面形，凡面之属皆从面。"段玉裁在《说文解字注》中解释说："颜前者。谓自此而前则为目，为鼻，为目下，为颊之间，乃正乡人者。"意思是说，"面"指的是脸颊以内、鼻梁以外的一小部分。

miàn

面

甲骨文的"面"字，外面是一张脸的轮廓，中间是一只大眼睛，它本来指长着眼睛的脸。我们的先人用脸上最能传神的眼睛和脸的轮廓造出了"面"这个字。汉代以后，隶书的"面"从字形上已经很难看出脸面的意思了。

在古代，"面"指的是人整个头的前部。《周易·革卦》：君子豹变，小人革面。意思是，君子的改变像豹子一样迅猛而明显，小人的改变只在面孔上而不够彻底。这里的"面"指的就是面孔。唐朝诗人崔护《题都城南庄》：去年今日此门中，人面桃花相映红。其中"面"同样也是指人的整个脸部，而不是局部。

"面"由于用来表示头部的前面，所以后来也用来表示其他事物的前面和表面，如"正面、水面"等。再往后，还可以表示"当面、面对"的意思，例如《战国策·赵策》：群臣吏民能面刺寡人之过者，受上赏。这里的"面"就是当面的意思。

liǎn

脸

"脸"左边是"月（肉）"，表示与身体有关；右边是"佥"，表示读音。《韵会》：脸，目下颊上也。意思是，"脸"指的是两颊以上的部分。古代女子在化妆时都会在眼睛以下、脸颊以上施粉、涂胭脂，其具体部位大致是颧骨的位置。

"脸"在古代和现代所表示的含义并不完全相同。从上面的解释可以看出，在古代，"脸"最早指的只是"面"的一部分。例如唐朝白居易《王昭君二首》：满面胡沙满鬓风，眉销残黛脸销红。其中"面"与"脸"同时使用，说明"脸"指的就是脸颊，而不是整个面部。

另外，"脸"字大约到魏晋以后才出现，比"面"的出现要晚。到了唐宋时期，"脸"才逐渐用在口语和书面语中，并且也渐渐可以指整个面部了。例如南唐李煜《菩萨蛮》：慢脸笑盈盈，相看无限情。

"脸"和"面"的区别

"脸"可以独立使用，比如形容人害羞时可以说"脸红了"，却不能说"面红了"。还有"饭粒沾得满脸都是、一脸不开心的样子"等，这些地方都不适合用"面"。

"脸"在口语里更常用，而"面"则更倾向于出现在书面表达中。比如我们常说"他的脸色发灰"，但在书面表达中却更常用"面色如土"等。

一些比较固定的说法，用"面"还是用"脸"本来不存在原则问题，但是习惯使然，还是以不随意替换为好。例如"人面桃花、面有得色、愁眉苦脸、劈头盖脸"等。

人们在日常说话办事时，如果办砸了，丢了面子，常常会说"颜面扫地"。那么，这里的"颜"与人的面孔有关系吗？

"颜"，左边是"彦"，表示读音；右边是"页"，表示与人的头部有关。《说文解字》：颜，眉目之间。段玉裁《说文解字注》则说："各本作眉目之间，浅人妄增字耳。今正。眉与目之间不名颜……是可证颜为眉间。医经所谓阙。道书所谓上丹田。相书所谓中正印堂也。"这段话的意思是："颜"本来的字义是"印堂"，指两道眉毛之间的部分，而不是眉毛和眼睛之间的部分。这个部位在中医里叫作"阙"，是穴位名，道家称作"上丹田"，相术则

yán

颜

称为"印堂"。

我们现在经常用"颜"来形容人的脸色和面部表情，也用来比喻"名誉、体面"等。比如"厚颜无耻、汗颜、和颜悦色、笑逐颜开"等。可见，人的面部表情变化万千，而且往往流露出人的好恶、悲喜、自负或自卑等内在感受。而这种"喜怒形于色"的特点，刚好也成了"方士""相术"赖以生存的土壤。

二　脸部还有哪些说法

é

额

说到"额"，它最初指的是头发以下、眉毛以上的部分，我们平常也叫"脑门儿"。现代生活中常见的词语有"额角、焦头烂额、额手称庆、疾首蹙额"等。那么，在古代，"额"字又是怎么用的呢？

唐代李商隐《无题》："寿阳公主嫁时妆，八字宫眉捧额黄。"宋代范成大《虞美人》："恰如娇小万琼妃。涂罢额黄、嫌怕污燕支。"这些诗句中的"额黄"指的是古代中国妇女的一种化妆方法，也叫"鹅黄""鸦黄"。这种在额头涂抹黄色的风俗大约从南北朝开始，到唐朝时比较盛行，而且女子画过额头之后，往往小心翼翼，生怕一不小心让"胭脂（燕支）"弄花了妆容。三言两语中，一幅少女爱惜妆容的画面跃然纸上。

这种化妆方法的流行与佛教在我国的广泛传播有很大关系。当时修寺院，造佛像，妇女们受给佛像涂金的启发，也把自己的额头染成黄色，这也是古代审美的一种生动体现。

"额"表示人的额头时，由于其中暗含了"位于上面、前面"等含义，因此，它逐渐也可以用在其他事物上。在古代建筑中，"匾额"是必不可少的组成部分，一般挂在门上方、屋檐下，就好像建筑物的眼睛。这里，"额"的意思已经由指人的额头发展到指建筑物门上边的部分。古代建筑如果四面有门，都可以挂匾，但正面的门上是必须要有匾的，比如皇家园林、名人府第、楼堂殿阁等。到了现代，具有文化色彩的民居、商店字号等仍旧使用匾额，上面除了文字，往往还雕刻或手绘龙凤、花卉等寓意吉祥的图案和纹饰。这已经成为中华建筑文化的一个突出标志。

汉语里还有"数额、面额、名额"等词语，那么，这些词语里面的"额"又是什么意思呢？"额"由于指额头，所以也可以指整个头部，而头部则可以代表人，比如我们常说"数数人头"。前面这些词语里的"额"原来指的就是"按人头计算"的意思。

在古汉语中，同样用来表示额头的还有"题"。《说文解字》：题，额也。原来"题"最初指的也是额头。例如《汉书·司马相如传》：赤眉圆题。意思就是，红色的眉毛、圆圆的额头。再比如《山海经·北山经》：文题白身，名曰孟极。说的是一种传说中名叫"孟极"的神兽，前额有花纹，身躯雪白。

"题"因为指额头，所以也用来比喻位置较高的事物的前面。例如《孟子·尽心》：堂高数仞，榱题数尺。意思是，殿堂几丈高，屋檐几尺宽。这里的"题"指的是椽子的前端。

后来，"题"的意思更加扩展了，比如在书籍、字画、碑帖等前面书写文字也叫"题"，例如"题款、题词"等，"题"在这里的具体意思是"在顶端或前端书写"。

再来说"颊"。《说文解字》：颊，面旁也。意思是，"颊"指

tí
题

jiá
颊

的是眼睛以下部分的外侧，大约到耳朵根部的地方。例如唐朝诗人戎昱《闺情》：未能开笑颊，先欲换愁魂。这个部位大致也相当于现在口语中的"脸蛋儿"。

成语"颊上添毫"的字面意思是给人画像时在脸上添上几根胡须，比喻文章经润色后更加精彩。实际上，这个故事出自《晋书·顾恺之传》：尝图裴楷像，颊上加三毛，观者觉神明殊胜。大意是这样的：有一次，顾恺之为裴楷画像，在面颊上添了三根胡须。有人问他为什么这样做，顾恺之说："裴楷英俊有见识，且才华横溢，这三根胡须代表了他的见识和才华。"看画的人细细品味他的话，也觉得后加的三根胡须为画像增添了神韵，有画龙点睛之妙。

现在，"颊"单独使用的情况已经基本没有了，它只是保留在一些词语中，比如"脸颊、面颊"等。

yí
颐

"颐"最初的时候写作匝，后来又在旁边加上了表示头部的"页"，字义没有发生变化。它的意思是"下巴"。例如《庄子·渔父》：左手据膝，右手持颐以听。意思就是，左手抱膝，右手托着下巴聆听。

另外，我们从"颐指气使"这个成语中也可以体会到"颐"表示下巴的含义。从字面上看，这个成语的意思就是用下巴的动作和脸色来指挥别人。闭上眼睛想一想，是不是能够看到一副活灵活现的傲慢嘴脸？

当然，下巴其实还有很多其他说法，比如"颔、颐、颏"等。

hàn
颔

《说文解字》：颔，面黄也。但是这种解释其实是有条件的，应当指的是"顑（kǎn）颔"，例如屈原《离骚》：长顑颔亦何伤。大致意思就是，长时间地面黄肌瘦又有何妨。而"颔"本身应当是源自古代楚国南部的地方话，意思就是指"下巴"，后来渐渐进入到通用语言当中。

再往后，由于"颔"所表示的下巴含义，所以在律诗中，第三、第四两句也称为"颔联"。与之相配，第一、第二两句称为"首联"；第五、第六两句称为"颈联"；最后两句则是"尾联"。例如南宋诗论家严羽《沧浪诗话·诗体》：有古律，有今律，有颔联，有颈联，有发端，有落句。

"颌"在古代若干部工具书中，都被解释成下巴，而且有的工具书还说明了它来自秦晋一带的地方话，跟"颔"一样，是后来进入到通用语言中的。需要注意的是，虽然这两个字的意思基本相同，但是它们的读音和字形还是存在着细小差别的，使用中不要搞混了。

"颐"《说文解字》解释为"丑"，而其他一些工具书如《玉篇》等则解释为"下巴"。例如韩愈《记梦》：我手承颐肘拄座。这个"颐"就是表示下巴。

关于人脸，居然有这么多不同的说法和汉字，但是，这还远远不是全部。比如同样表示脸颊的还有一个字——辅。

《说文解字》：辅，人颊车也。是说"辅"指的是人后槽牙下面的牙床骨。后来也指脸颊。例如《周小史》：团辅圆颐。大致意思就是圆润的脸蛋。可是，令人疑惑的是，为什么人体器官名称的偏旁是"车"呢？

原来，"辅"最初是指车旁的横木，其作用是辅助加固，分担车轮的承重，从而增加载重量。而口腔中的下槽牙骨，对于咀嚼食物等也能起辅助加强作用，功能类似于车"辅"。因此，原来的字形酺，渐渐就被"辅"所取代，自己反而退出了历史舞台。

hé
颌

kē
颏

fǔ
辅

中国人的面子观

可以说，脸面也是中国文化的一项重要内容。俗话说："人活脸面树活皮"，"士可杀，不可辱"，可见我们已经把脸面与人生，甚至与性命挂上了钩。《资治通鉴》中所谓的"唾面自干"，不过是一小部分人"明哲保身""重大利，轻小节"的处世哲学罢了。

我们平常经常碰到"丢脸""丢面子"和"给脸""给面子"等说法，这就是"脸"和"面"最初含义的深化。因为，人的美丑在绝大多数情况下全凭一张脸。所以，给人脸面，实际上相当于往人的脸上贴金抹粉，使人更加光鲜靓丽；同样的道理，如果丢了脸面，就相当于往人脸上撒灰扬尘，难免让人狼狈不堪。因此，"赏脸""看……薄面"这都是莫大的人情，从古至今一直都是人们放低身段的谦词。例如《彭公案》：我给众位预备点酒，请赏脸喝点。《水浒传》：好汉看我二人薄面，且罢休了。邓友梅《烟壶》：九爷上我这小茶馆赏脸，是我的造化。

看看，这就是我们中国人在人际交往过程中，不断传承和强化的"面子文化"，以至现在一些地方官员也好大喜功，脱离实际地一味追求"面子工程"。可见，适度强调脸面，可以让人有着耻心，有助于修身养性；但是，过分看重脸面，有时它的副作用甚至是破坏力，也是不可小觑的。

第十三章　息息相通的鼻和口

在这个部分你将了解到下面这些字：

鼻	自	臭	嗅	息	罪	涕	泗	口	嘴
咀	牙	齿	唇	吻	舌				

一　"鼻"和"自"的渊源

　　鼻子在人的五官中，位置非常突出，具有呼吸和嗅觉功能。在五官中，鼻子由于处于中间部分，而且位置也比较高，因此，古代传说妇女受孕后胚胎初成，五官里面鼻子是最先成形的。

　　"鼻"原本的意思就是鼻子，甲骨文字形为 。上半部分的"自"，就是人的鼻子形状；下半部分的"畀"，意思是"给予"。清代段玉裁《说文解字注》：引气自畀也，从自，从畀。这句话的意思是，"鼻"是由"自"和"畀"两部分组成，合在一起的基本意思是气息吞吐，属于自给自足的一种循环。当然，这里的"畀"也有表示读音的作用。

　　那么，"自"最初的形状像鼻子，它最初的意思也是指鼻子

bí

鼻

zì

自

吗？答案是肯定的。甲骨文"自"的形状就是 。《说文解字》也说：自，鼻也，像鼻形。可见，"自"本来的意思就是指鼻子。后来据说由于人在指称自己的时候，常常伴随着用手指向自己鼻子的动作，因此，它才有了表示"自己"的意思。而且也正是因为"自"衍生出了新的意义，所以它原来表示"鼻子"的意思就又造了一个新的字——鼻，而它自己也就不再表示鼻子了。

现在，"鼻"和"自"这两个字已经完全各司其职，不再有任何交集。而且它们经过自身的变化和发展，各自又有了一些新的意思。

比如"自"，由于最初与气息有关，而气息一般都会有来源、有行止，而且根据传说，鼻子在胚胎孕育过程中，是五官里面最早成形的。因此，它后来就逐渐有了"始；从；由"等意思，像《诗经·日月》：出自东方。这里的"自"就是"从"的意思。再如《韩非子·心度》：法者，王之本也；刑者，爱之自也。句中的"自"就是"源头、开始"的意思。

"鼻"则由于是指人脸上最突出的有孔器官，因此，后来就用来指一些物体上隆起或有孔洞的部分，例如针鼻儿、门鼻儿等。针鼻儿指的是我们平常做针线活儿用的针头上的小孔，供穿针引线

门鼻儿

用。门鼻儿，是指钉在门上的铜制或铁制半圆形物体，可以跟钉锦儿（门上的搭扣）、铁棒等配合把门扣住或者上锁。

另外，和"自"后来具有"源头、开始"等意思一样，"鼻"在某些情境中也可以表示同样的意思，例如"鼻祖"。

"鼻祖"本来的意思就是"始祖"或"初祖"。西汉扬雄在《方言》中就说过："鼻，始也。兽之初生谓之鼻，人之初生谓之首。"意思是说，"鼻"是开始的意思，动物生命的开始叫做"鼻"，人类生命的开始叫做"首"。《说文解字》里面也有这样的话：今以始生子为鼻子（这里的"子"不能读轻声）。意思是，降临人世的第一个儿子可以称为"鼻子"。这里的"鼻"，指的就是"第一、最初、开始"等意思。因此，最早的祖先、创始的祖师也就被称作"鼻祖"了。

此外，由于鼻子属于呼吸器官，它对生命体的重要作用自不待言。现在，这一点充分体现在一些词语当中。比如"仰人鼻息、一个鼻孔出气"等。

"仰人鼻息"的基本意思是依靠别人的呼吸来生活，也说"仰承鼻息"。这该是多么危险的一种情形，完全是把身家性命依附在别人身上，所以，这些词语都略含贬义。例如《后汉书·袁绍传》：袁绍孤客穷军，仰我鼻息，譬如婴儿在股掌之上，绝其哺乳，立可饿杀。

"一个鼻孔出气"则是用来比喻立场、观点、主张和别人完全一致，而且也暗含贬义。因为具有这种倾向的人，一般都是出于某种目的而迎合他人，就好像把维持生命的气息都要交由他人器官代管的地步。

二　哪些汉字与鼻子相关

xiù
臭

作为呼吸器官，鼻子除了吐纳作用，它还具有嗅觉功能。例如《说文解字》：鼻，主臭者也。在这个解释里，出现了一个现在经常使用的字——臭。而"臭"在现代汉语中多用来形容难闻的气味，是"香"的反义词，比如"臭气熏天、臭味相投"等；进而也可以表示"令人厌恶的、不高明的、恶狠狠的"等意思。就像我们生活中，如果下棋的时候出了昏招，或者棋艺并不高明，就会说"臭棋"；如果被某人气急了，也会说"真想臭骂（揍）他一顿"；而当有人态度傲慢无礼的时候，也会被别人说"摆什么臭架子"。

可见，"臭"并不是一个令人愉快的字眼。如果鼻子的作用只是用来闻这些难闻的气味，那对鼻子也太不公平了。香味又归谁呢？

其实，这样的理解完全是一种误会。因为"臭"最初并不是单单指难闻的气味。《说文解字》里的解释应当是说"鼻子具有辨别气味的作用"。在这里，"臭"指的是所有的气味，而且也要读作xiù。

"臭"，甲骨文字形为 。上边是"自"，指鼻子；下边是"犬"，合起来表示狗能够通过气味找到地点。本来的意思就是指用鼻子辨别气味。例如《说文解字》：臭，禽走，臭而知其迹者，犬也。

xiù
嗅

后来，这个意思在"臭"的基础上，通过增加偏旁又产生出一个新的字"嗅"，并且主要由"嗅"来承担表示"气味"的含义了，比如常见的"嗅觉、嗅神经"等。但是，现在在某些词语当中，"臭"也仍然保留了指所有气味的含义，例如"乳臭未干、其臭如兰"等。

此外，我国古代有所谓"五臭"之说，例如《庄子·天地》：五臭熏鼻。这里的"五臭"指的就是膻、焦、香、腥、腐五种气味。它们不等于"五味"，五味是指五种味道，泛指酸、苦、甘、辛、咸五种滋味。

当然，鼻子之所以能够辨别气味，从本质上讲，还得依靠它调控气息的最根本功能。你看，气息的"息"本身就包含了最初指鼻子的"自"。

"息"由"自"和"心"两部分构成。因为古人认为"心"是一切器官的主宰，所以气息也必然与心脏相关。《说文解字》：息，喘也。它本来的意思就是"喘息、呼吸"，例如："气息、喘息、息息相关、奄奄一息"等。

气息作为人的一种生命体征，是人生命的标志，所以"息"后来也用来表示与"繁育后辈"有关的意思，比如"子息、增息"等。

但是，无论怎样，意思里面暗含与鼻子有关的汉字，如果字形中包含"自"，我们只要了解了"自"最初的意思，一般也就不难理解。然而，如果说"罪"也与鼻子有关，我们大概就会觉得有些奇怪，因为它的字形似乎与鼻子相去甚远。这又是怎么回事呢？

原来，"罪"在古代曾经写作"辠"。《说文解字》：辠，犯法也。上面的"自"代表鼻子；下面的"辛"表示酸苦的情绪。合

xī
息

zuì
罪

在一起的意思是由于担惊受怕而酸苦地皱鼻子，表示出触犯法律之后的畏惧。而且，在古代，对犯了罪的人要实施刑罚，其中有一种刑罚就叫做"劓"，属于古代五刑之一，指的是用刀等刑具割掉犯人的鼻子。

后来，到了秦朝的时候，由于这个字的形状与"秦始皇"的"皇"字比较相似，为了避讳而改用"罪"字。"罪"上边是"罒"，表示网；下面是"非"，表示不正确的东西。上下两部分合在一起就成为用法网捉拿作恶的人。这种意思已经与"罪"最初表示"捕鱼的竹网"有了一定的距离。

一说到"涕"，我们的第一反应一般都会想到鼻涕。而实际上，"涕"本来的意思恰恰是"眼泪"，而不是"鼻涕"。而"泗"本来的意思指泗水，一般只在地名中出现，像山东的泗河、安徽的泗县等。但是，这个字在古代也有"鼻涕"的意思，例如《诗经·泽陂》：涕泗滂沱。《毛诗传》注释说：自目曰涕，自鼻曰泗。

tì
涕

sì
泗

"涕泗横流"是现在比较常用的一个词语。基本意思大家也并不陌生，指的是眼泪鼻涕流得满脸都是，形容人非常伤心、难过的样子。但是，如果再进一步问，其中的"涕"和"泗"具体指的是什么，你肯定能答对吗？

鼻子是五官之一，而且有两个鼻孔，这就让我们联想到经常遇到的"七窍"这种说法。那么，"七窍"具体指的又是什么呢？

"七窍"是指什么

"窍"本来的意思是"孔、洞","七窍"里的"窍"指器官的孔洞。一般情况下,"七窍"指的是人的两只眼睛、两只耳朵、两个鼻孔和嘴。

但是,有些时候,"七窍"也可以单纯地指七个孔。据传说,古代有"心有七孔"的说法。例如《史记·殷本纪》:"迺(比干)强谏纣。纣怒曰:'吾闻圣人心有七窍。'剖比干,观其心。"意思是说,比干规劝纣王,结果昏庸暴戾的纣王非常生气地说:"我听说有才德的人的心有七个孔",于是就残忍地把比干的心挖出来确认。

此外,"七窍玲珑心"的说法也是由此而来,现在常常用来形容人心眼很多、很聪明。

三　与嘴相关的汉字

在人的头部器官中,和眼睛、鼻子同样具有排出液体功能的,还有一个非常重要的器官——嘴。

对于人体器官而言,古时候一般用"口"表示"嘴"。"口"

kǒu

的甲骨文字形是 ⿴ ，像人嘴的形状，指的就是"嘴"。《说文解字》：口，人所以言食也。意思是，嘴具有说话和吃饭两种基本功能。

也正是因为"口"具有吃东西和品尝味道这样的功能，所以，它也可以用来表示对事物的感觉和喜好，比如"口味、口感、口福"等。而由于说话的功能，"口"又可以表示言语方面的才能，例如："口才、口口声声、口蜜腹剑"等。

另外，由于"口"的形状和作为进出之处等特征，它也可以用来表示其他具有类似特征的东西，比如"关口、门口、井口、出口、港口"等。

zuǐ
嘴

与"口"的情况相比，我们现在常用的"嘴"，它最初的意思反而与人体器官没有任何关系。"嘴"本来写作"觜"，最初是指猫头鹰一类动物头上的毛角。后来加了"口"字旁，变成"嘴"，表示鸟类的嘴。

由于鸟的嘴非常尖而且长，所以后来"嘴"也常常被用来表示一些物品上长而且尖的部分，比如茶壶嘴、烟袋嘴等。

zuǐ
咀

另外，"嘴"还有一个异体字"咀"，在这里并不是"咀嚼"的"咀"。这两个字还经常出现在地名中，像上海的陆家嘴、香港的尖沙咀等。而这些地方，正是由于它们独特的地理位置和形状而得名的。

据上海地方志记载，浦东地区的陆家嘴是由于黄浦江在这里拐了一个近九十度的直角弯，冲积形成了一片滩地。从黄浦江的西面向对岸远看，这一块滩地就像一只巨大的金角兽伸出脑袋张开嘴巴在这里饮水。

香港的尖沙咀则位于珠江三角洲东岸陆地的尽头，这个地方的海水被官涌山阻挡，在它的南面形成一个长而且尖的沙滩，好像一只鸟嘴的形状，它的名字也就由此而来。

四　牙和衙门有关系吗

在口腔里面，"牙"是非常重要的器官，除了咀嚼食物，某些情况下甚至可以当作自卫的武器。

yá

牙

"牙"在金文里的字形是♭，就像上下槽牙互相交错的样子。《说文解字》：牙，牡齿也。像上下交错之形。它本来就是指槽牙，后来也泛指所有的牙齿。

但是，如果说"牙"和"衙门"其实也存在着某种渊源，你会觉得这是真的吗？

实际上，这的确是真的。

古时候，猛兽的牙齿常常被看作强大力量的象征，因此，古代一些军事将领、军事长官常常会把兽牙放在自己处理军事要务的地方。后来，军营门外也出现了用木头刻画的大型兽牙的装饰，军营中也逐渐出现了装饰着兽牙、边缘剪裁成牙齿形状的"牙旗"。所以，作为威武之师的军队，它的营门也就自然被称为"牙门"了。

汉朝末年，"牙门"逐渐演变成官府的代名词。据《武瓦闻见记》记载：近俗尚武，是以通呼公府为"公牙"，府门为"牙门"，字稍讹变转而为"衙"也。"牙门"在唐朝以后写作"衙门"，并取代前者开始广泛使用。北宋以后，人们就几乎只知道

"衙门"而不知有"牙门"了。

chǐ

齿

与"牙"关系最紧密的无疑是"齿"字。"齿"的甲骨文字形是 ⊞，像人张开嘴，露出里面的门牙。就像"牙"最初是指槽牙一样，"齿"本来的意思则是指门牙。后来渐渐地也像"牙"一样，变成了所有牙齿的通称。例如段玉裁《说文解字注》：统言之皆称齿称牙，析言之则前当唇者称齿，后在辅车者称牙。意思是说，统称叫牙齿，细分的话，前面挡住嘴唇的叫"齿"，位于后面脸颊骨和牙床之处的则叫"牙"。

后来，到了春秋战国时期，人们在甲骨文"齿"的字形上面加了个"止"表示读音，就形成了现在这个字的基础。例如金文里面的"齿"已经是 ⩔ 这样的形状了。

无论是古代还是现代，"牙"和"齿"经常连在一起使用，只不过两个字的前后次序有时候略有不同。例如宋朝杨万里《闲居初夏午睡起》：梅子留酸软齿牙，芭蕉分绿与窗纱。

此外，由于"齿"与口腔的关系，它后来也渐渐发展出"说"或者"提到"等意思，比如"不齿、难以启齿"等。再有就是，由于牙齿的数量以及换牙掉牙的基本规律，一般都与年龄具有某种特定的关系，所以"齿"也可以表示年龄，例如"弱齿、壮齿、暮齿、论齿、序齿"等。《左传·昭公二十年》中有：子之齿长矣，不能事人。意思是，你的年纪很大了，不能侍奉人了。

由于生理构造的特殊性，与牙齿有亲密接触关系的，大概非唇、舌莫属了。

chún

唇

东汉时期，与《说文解字》作者许慎齐名的另一位大师刘熙，曾在他的论著《释名》中说：唇，缘也，口之缘也。意思就是，"唇"指的是边缘，而且是嘴的边缘。

簪花仕女图

"唇亡齿寒"这个成语的字面意思是：嘴唇没有了，牙齿就会感到寒冷。它的背后还有一个历史故事。

据《吕氏春秋》记载，春秋时期，五霸之一的晋国想要讨伐虢国，因为征讨大军必须经过虞国，于是便派人带着丰厚的礼物到虞国借路。虞国的国君不听大臣们的劝告，同意了晋国的要求。结果，晋国灭了虢国之后，军队在返回的路上顺便把虞国也灭掉了。后来人们就用这个成语来比喻双方关系密切，一方的利益受到损害，另一方也会跟着遭殃。

当然，与嘴唇有关的也并不都是这样悲惨的事件。比如古人在形容女子美貌时，常常会说"樱唇轻启、吐气如兰"等。这一点从唐朝画家周昉的《簪花仕女图》中可以清楚地感受到。画中侍女的唇色只有一点点，上下合在一起就像一颗鲜嫩的樱桃。雪白肌肤映衬点点朱唇，真是应了南北朝才子江淹的诗句"白雪凝琼貌，明珠点绛唇"。

的确，我们的祖先很早就知道用牛髓或牛油来滋润嘴唇。北朝《齐民要术》里就有关于口脂制作的详细方法。那时候的口红像胭脂一样，需要用指尖挑起一点，往嘴唇上"点注"，是真正的"点绛唇"。例如宋代女词人李清照《点绛唇·闺思》："寂寞深闺，柔肠一寸愁千缕。惜春春去。几点催花雨。"这样的曲调用来吟咏女子情态，轻灵婉转，所传递的已经不仅仅限于妆容的绝妙，更是给后人留下了经久不衰的词牌和传世佳作。

五 "吻"只是一种行为吗

当然，嘴唇除了美的一面，它还具备表示礼仪、善意和爱意的功能，比如"亲吻"。那么，"吻"从一开始就是指这样的行为吗？

wěn

吻

其实，这个字最初并不指动作。《说文解字》曰：吻，口边也。但是，细究起来，"吻"与"唇"还是存在着某些细微差别的。它最初只是指两边的嘴角，而"唇"指的则是整个嘴唇。另外，随着字义的发展变化，"吻"现在主要用来指鱼类的嘴部，而不再表示人的嘴唇了。当表示与人相关的意思时，它除了指亲吻的动作，同时也保留在一些词语当中，例如"口吻"等。

"吻"除了日常使用的基本意思之外，还可以指"鸱（chī）吻"，也就是古建筑屋脊两端的装饰物。关于古建筑物屋脊上吻兽的来源，古人、今人都曾作过考证，说法也不尽统一。一般认为，屋脊上放置吻兽除了加固、防水等实

鸱吻

用性用途之外，还具有驱邪避凶等文化含义，因为据说它是龙的九子之一，也叫"螭（chī）吻"或"鸱尾"等。

我们今天所见到的吻兽，大多是明清时期的产物。在古建筑屋顶上，分别有正脊、垂脊、戗脊、围脊等部分，在各类屋脊的末端或转折处，一般都放有吻兽。吻兽由于所处位置不同，形态也不尽相同。目前我国最大的"大吻"在北京故宫太和殿的殿顶上。

毋庸讳言，对于相爱的人，"吻"除了嘴唇的参与，同时也涉及另一个器官——舌。

"舌"的甲骨文字形是 ，像舌头从嘴里伸出来的样子，四周的小点则代表唾液。《说文解字》：舌，在口所以言也，别味也。意思是说，因为嘴里有舌头的存在，所以具备了说话的可能，而且舌头还可以分辨不同的味道。

正是因为舌头具备这样一些作用，所以，"舌"可以用来指言语，比如"油嘴滑舌、七嘴八舌、唇枪舌剑、口舌"等。再有，用语言进行辩论可以叫"舌战"；能说会道，可以说"巧舌如簧"；说话笨拙则用"笨嘴拙舌"；模仿别人说话则往往被称作"学舌"。

宋朝诗人释绍昙《日本慈源禅人归国请偈》中说：万缘不挂一丝头，对客懒饶三寸舌。那么，"三寸舌"到底有多长呢？如果以秦代的尺寸来说，三寸大约相当于7厘米，而按照宋代以后的尺寸，大概相当于10厘米左右。古人认为舌头长的人能说会道，而且认为男人舌头长好，女人舌头长则不好。例如《诗经·瞻卬》：妇有长舌，维厉之阶。意思是，女人舌头长，是惹事的祸根。后来人们常用"长舌妇"来指多嘴和搬弄是非的女人。

shé

舌

第十四章　嵌在"眉目"间的汉字

在这个部分你将了解到下面这些字：

目	眼	睛	眸	瞳	臣	民	望	省	眷
蔑	直	真	眉						

一　医院为什么没有"目科"

大千世界，万事万物，千姿百态，精彩纷呈。而我们能够感受到这份美好，无疑要感谢造物主给了我们认识世界的窗口——眼睛。眼睛的作用既然如此重要，那么，与它有关的汉字又有哪些有趣的事情呢？

古代最初表示眼睛的汉字是"目"。"目"的甲骨文字形是；金文是。它们都非常像眼睛的形状，外面是眼眶，里面是瞳孔。《说文解字》曰：目，人眼，象形。意思是说，"目"指的是人的眼睛，依照眼睛的形状而成字。

先秦时期，"目"是单独使用的。两汉以后，"眼"的使用频率越来越高，表示眼睛的"目"基本上不再独立使用。

mù

目

现在，"目"表示"眼睛"的意思一般是出现在词语中，如"目击、面目、目空一切、众目睽睽、掩人耳目"等。大多数综合性医院也都设置"眼科"，却并不叫"目科"。

➤ "目"的引申含义

前面曾提到眼睛是认识世界的窗户。而实际上，这两扇窗户既是通道，也是实现观察的主体。例如北宋欧阳修《非非堂记》：耳司听，目司视。意思就是说，耳朵是用于聆听的，眼睛则是用于观察的。因此，"目"也就逐渐具有了"看、注视、示意"等意思，例如《史记·陈丞相世家》：陈平去楚，渡河，船人疑其有金，目之。"目之"的意思就是看他。再比如《史记·项羽本纪》：范增数目项王，举所佩玉玦以示之者三。意思就是，范增多次看项羽，以眼神示意，并举所戴玉佩予以提醒。

"目"由于是人体最重要的器官之一，所以，它也暗含"关键、重要"等含义，因此可以进一步发展出"要点、精要"等意思，像"项目、题目、名目、节目、头目"等词语就比较清楚地体现了这一点。

另外，由于形状相似，渔网的网眼也叫"目"。例如郑玄《诗谱序》：举一纲，而万目张。意思就是，把渔网上的大绳拉起来，网上所有的网眼就都打开了。我们大家比较熟悉的成语"纲举目张"便由此而来。而且，非常巧合的是，"网"在汉字里做上面的偏旁时，比如在"罗、罢、罩、署、置"等字里面，它的字形就像横过来的"目"。

关于"刮目相看"

　　三国时期东吴大将吕蒙，勇敢善战，二十多岁就已成为名将，但他出身贫寒，没有读过什么书。后来，在吴国君主孙权启发下，他利用空闲时间发愤读书，积累了丰富的军事知识和经验。当时的军师鲁肃带兵经过他的营地，以为吕蒙只是个粗人，不屑与他相交。后来在部下劝说之下，鲁肃勉强前去拜访。在酒席上，吕蒙问：军师这次接受重任，和蜀国大将关羽为邻，不知有何打算？鲁肃答道：兵来将当，水来土淹，到时再说吧！吕蒙听了，婉言批评说：现在吴蜀虽然结盟联好，但关羽性同猛虎，怀有野心，战略应该早定，决不能仓促从事啊！而且还为鲁肃筹划了五项策略。鲁肃听了，非常佩服，对吕蒙说：我以前总以为你只会打仗，没想到学识与谋略也日渐精进，真是士别三日，当"刮目相看"啊！

二　还有哪些字是关于眼睛的

　　前面提到，两汉前后是"目"和"眼"的用法的分水岭，其中隐含的意思就是说这两个字的基本含义大体相同。那么，事实果真如此吗？

《说文解字》："眼，目也"，"目，人眼"。看起来，二者既然能够互相解释，意思的确应该一样。但是，参照其他文献可知，"眼"本来的意思是"眼珠"，比"目"所指的范围要小一些，例如刘熙《释名》："眼，限也。瞳子限限而出也。"这句话的意思很明白，认为"眼"指的就是眼珠。相似的例子还有《庄子·盗跖》：比干剖心，子胥抉眼，忠之祸也。这就是昏君对待良臣的残暴手段，具体意思也就不在这里解释了。

现在，"眼"常常与"睛"合起来表示眼睛，例如王洛宾创作的著名民歌《掀起你的盖头来》：你的眼睛明又亮呀，好像那水波一模样。而实际上，"睛"本来的意思和"眼"完全一样，也是指瞳子，就是眼珠。

当然，"睛"这个字可能出现得比较晚。《说文解字》里面还没有收录，一直到南北朝时期的《玉篇》才见到它的踪影：睛，目珠子也。

但是，就使用情况来看，成书于西汉的《淮南子·主术训》里面已经出现了用例：夫据除而窥井底，虽达视犹不能见其睛。这句话的意思是：趴在井栏上对着井水照脸，视力再好也看不清自己的眼珠子。还有魏晋南北朝时期《洛阳伽蓝记》中的"士女观者，目乱睛迷"和明朝陆采《明珠记》中的"偷睛斜望，春光只隔流苏帐"，这些语句中，"睛"都是指眼球。

到了现代，"睛"基本上就不再单独使用了，它一般都出现在词语里面，例如："定睛、目不转睛、画龙点睛、火眼金睛"等。

其实，在汉字里面，用来表示眼珠的字还有很多，比如"眸"和"瞳"。这也体现出汉语的丰富性。

《说文解字》曰：眸，目童子也。"眸"原本就是指瞳仁、眼珠，也叫"眸子"。例如《孟子·离娄》：存乎人者，莫良于眸子，眸子不能掩其恶。意思是说，观察一个人，再没有比观察他的眼睛更好的了，因为眼睛不能掩盖人的丑恶。

另外，在古诗文中，还有大量用到"眸"的诗句，而且这些诗句一般都是赞美女子美貌的。例如曹植《洛神赋》"明眸善睐，靥辅承权"；白居易《长恨歌》"回眸一笑百媚生，六宫粉黛无颜色"；杜甫《哀江头》"明眸皓齿今何在？血污游魂归不得"，等等。

和"睛"的情况一样，"瞳"也是《玉篇》才收录的字：瞳，目珠子也。显然，它的意思也同"睛"完全一样，指瞳仁和眼珠。

在我国古代，还有一种关于"重瞳"的记载和传说。所谓"重瞳"，指的是一只眼睛里面有两个瞳仁。按照《史记》等文献和现代医学观点，这实际上是一种疾病。然而，古代对这种现象还存在着另外一种解释，认为天人异相。因此，只有圣贤之人才会出现重瞳，例如，根据传说，大禹、仓颉就都是重瞳。

另外，在古汉语里面，由于"仁"和"人"有通用的现象，所以"瞳仁"也常常写成"瞳人"。例如唐代诗人李贺的《杜家唐儿歌》：骨重神寒天庙器，一双瞳人剪秋水。还有宋代秦观的《赠女冠畅师》：瞳人剪水腰如束，一幅乌纱裹寒玉。

用"剪秋水""剪水"形容清澈的眼神，这是多美的一幅画面啊。难怪从古代一直到今天，都流传着一个形容女孩子清澈澄净眼神的词语——秋波。例如苏轼《百步洪》：佳人未肯回秋波，幼舆欲语防飞梭。短短两句诗，西晋官宦子弟谢幼舆既企盼邻家女孩含情回眸一顾，又担心女孩瞋怒投以飞梭的心情，便跃然纸上。

三 "臣""民"究竟有哪些不同

"臣"和"民"这两个概念在我们的认知里差别很大，一个属于官宦，一个属于百姓，而且它们在字形上也没有什么共同之处，更何况我们在这里谈论的主题是"眼睛"，难道它们与眼睛有什么关系吗？

事实上，这两个字不仅与眼睛有关，而且它们最初的字形和意义也存在着十分紧密的关系。

"臣"的甲骨文是 ，像一只竖起来的眼睛。人只有在低头并向上仰视的时候，眼睛才会处于这种状态。因此，"臣"表示的就是奴隶的眼睛，而且还是已经俯首屈从的奴隶。因为奴隶是不能正面注视主人的，而是要俯首向上仰视，所以"臣"最初的意思就是指奴隶。

chén

臣

在我国古代，部落间常常发生不同规模的争斗，人员伤亡与被俘的情况都很普遍，因此，战俘就成为奴隶的最主要来源，所以"臣"也可以指俘虏。例如《礼记·少仪》：臣，谓征伐新获民虏也。不论是奴隶，还是战俘，都是身份卑微的人。所以，"臣"最初的意思远不是现在以为的那么光鲜，所谓"乘肥马，衣轻裘""浆酒藿肉"甚至"三妻四妾"一般的豪奢，而只是个微不足道的奴仆。

只是到了后来，这一类奴隶也被奴隶主委以管理其他奴隶的职责。再往后，这些不入品的小头目渐渐地就具有了一定的权力，并且也逐步登入庙堂，最终成为帝王身边的臣子。但是，他们在其主子面前，仍然必须自称为"臣"甚至"微臣"。

再来看《说文解字》："臣，牵也。事君也。象屈服之形。"这种解释完全印证了上面的叙述。其中，"牵"的意思是"活的牲畜"。在我国古代，活的猪牛羊等都可以称作"牵"。

另外，一般情况下，"臣"指的是男性奴隶，"妾"指的是女性奴隶。例如《尚书·费誓》：臣妾逋逃。这里的"臣妾"指的就是男女奴隶，而不是一般意义上的古代官吏之妻女对帝王的自称。

我们再来看"民"。"民"的金文字形是 𝌆，像一个尖锐物体刺在眼睛上。而且这只眼睛与"臣"不同，它不是竖起来的，而是横着的。郭沫若在《甲骨文字研究》中曾经说过：臣民均用目形而为之，臣目竖而民目横，臣目明而民目盲。

可见，"民"最初的字形表示被刺瞎眼睛的战俘和奴隶。那么，为什么要刺瞎战俘的眼睛呢？原因大致有两点：第一是为了预防祸乱并更好地役使战俘，因为仅剩一只眼睛的战俘，其战斗力已经大打折扣，但是却更加容易管理；第二是出于惩罚目的，因为横目而视，说明这样的战俘并不屈服。

第二点涉及我国传统文化的某些内涵。因为，按照传统观念，"横"往往意味着"阻挠、不顺"等含义，因此才会有"横加指责、横眉冷对、横生枝节"这样的说法。而"竖"却刚好相反，由于它暗含的"顺从"意味，所以也可以指"仆从"，例如《列子·说符》：杨子之邻人亡羊，既率其党，又请杨子之竖追之。其中的"竖"指的就是杨子的童仆。

《说文解字》：民，众萌也。"众萌"指的是各种草木的芽，也泛指各种草木。草木是最普通的植物，甚至有些卑微和渺小，因此，用在这里指黎民百姓。但是，"民"的这种意思应当是后来才有的，最初的意思就是指奴隶。

四 "眉目"如何传情

无论是"民"，还是"臣"，其横、竖姿态显然已经暗含了人的情绪态度，因此，才会有"眉目传情"一说。那么，人的眼睛和眉毛是如何传递情感态度的呢？

在现实生活中，我们常常会用到"注目、凝视、蔑视、仰望、乜斜"等表示眼睛动作的词语，这些眼部动作其实都伴随并显露着某种情绪态度。可见，眼睛的动作是传达某些信息的手段和标志。

在汉字里面，表示眼睛动作或状态的汉字的确不少，它们或者是细致地区分不同的动作或神态；或者是比较形象地传达某种情感和态度。比如：

"望"，甲骨文字形是 ，上面是一只眼睛，下面是"壬"。"壬"的意思是"人站立在地上"。合在一起表示人站着往远处看。到了金文，在字的上半部分增加了表示月亮的"月"，而且一直保留到现代汉字。这样，表示人抬头往高往远看的意思就更清楚了。

当然，从金文开始，也出现了把"望"左上角表示眼睛的"臣"换成"亡"的情况，用它表示读音，而且这种形体保留到了现在。李白的《静夜思》"举头望明月，低头思故乡"，清晰地

wàng
望

表达出了游子抬头望月，思念故乡的情怀。

xǐng

省

游子思念故乡，很容易让我们想到"省亲"这个词。这个词的意思就是"探望父母或尊长"。"省"的甲骨文字形是。上面是"生"，表示读音，下面是眼睛，合在一起表示查看，后来也表示探望。例如《论语·学而》：吾日三省吾身。再比如"晨昏定省"，意思是傍晚帮父母铺床，早晨向父母问安。

需要注意的是：第一，"省"是多音字，在这里读xǐng，而在省略、省份等词语中读shěng；第二，这个字的上半部分，在汉字演变过程中变成"少"了。当然，关于这个字最初的字形，也有一种意见认为上半部分是表示初生草木的"屮"字，整个字的意思是"用眼睛审视草木"。

juàn

眷

"省亲"除了父母，也涉及亲眷，而"眷"最初同样表示眼睛的动作。《说文解字》"眷，顾也"，意思是指回头看。而值得回头一看再看的事物，大都是让人留恋和难舍难忘的，因此，"眷顾、眷恋、眷念"等都是充分表达对人、对事充满爱意，而且难以割舍这一类情怀的。

miè

蔑

当然，眼睛除了表达爱意，对不同的人和事，它也可以表达不同的情绪。比如"蔑"就是个与"爱"根本不沾边，甚至是有相反含义的汉字。

"蔑"的甲骨文字形是。上面是"苜"和"目"组成的一个字，与"苜"近似；下面是"戍"。合在一起的含义是守卫边疆的兵士由于疲劳而眼睛无神，意思就是眼睛疲劳导致目光涣散、茫然。而疲劳往往使人懒散，如果有人对某事某物的态度已经到了懒得理会的地步，那么，这恐怕就是我们平常说的"蔑视"或"轻蔑"了。

"懒得理会"这种态度倒也直接。"直"这个字其实也是和眼睛有关的。

　　"直"的甲骨文字形是 ᘒ 。它的寓意比较清楚，就是眼睛向前直视，表示正，不弯曲。例如清代龚自珍《病梅馆记》：梅以曲为美，直则无姿。由于这种含义，所以"直"后来也用来表示人的秉性、举止等方面的正直，例如"耿直、直言不讳"等。

　　"真"与"直"字形相近，它最初也跟眼睛相关。"真"的金文字形是 ᘓ 。古人对这个字的解释颇具浪漫主义色彩。大致意思是，高人修道，得道变化后，乘仙器隐遁。具体解释是：字的最上面是"匕"，这是"化"的一部分，所以表示变化；中间的"目"表示修道过程中耳目为先，也就是先修炼耳目；最下面是表示隐遁的"乚"和表示仙器的"八"。几个部分合在一起构成了"真"的旧字形"眞"，意思是指修道成仙的"真人"。

　　由于"真"最初的这种含义，后来它就发展出了"本真"的意思，再往后则又可以表示"本性；真实"等意思。例如："真谛、返璞归真、真金不怕火炼"等。

　　在人的面部，跟眼睛有近邻关系的首推眉毛。因此，眼睛传达情感信息的时候，一定不会缺少了这个邻居，例如："眉开眼笑、低眉顺眼"等。

　　"眉"的甲骨文字形是 ᘔ 。意思很直白，就是指眼睛上面的眉毛。

　　人人都有的这两道眉毛，它的作用可不简单。李白《上元夫人》中有：眉语两自笑，忽然随风飘。颦眉舒眉之间传情达意，仿佛灵动的眉毛代替了言笑晏晏。这是多么和悦温馨的一幅画面啊。

zhí

直

zhēn

真

méi

眉

眉毛之美，从古至今一直是爱美女性用心计较的美容重点。但是在古代，为了追求美貌，许多女性实际上是没有眉毛的。这又是为什么呢？

原来，为了追求眉型的精致，古代女性往往是先剃除自己的眉毛，然后再用青黛等时尚的色彩描画出漂亮的眉毛形状。因此，历史上也留下了许多美妙的传说与故事。例如司马相如称赞心爱女子卓文君的佳句：眉如远山含黛，肤若桃花含笑，发如浮云，眼眸宛若星辰。

也正是由于这种万众追捧的风尚，历史上以"眉"吟咏女子美丽的诗文层出不穷，以至还出现了白居易《感故张仆射诸妓》：黄金不惜买蛾眉，拣得如花三四枝。千金散去，只为美貌女子，可见"蛾眉"的魅力。

另外，由于女性剃眉的风俗，"须眉"也变成专门用于男性的称呼。"胡须"本来就是男性独有，而女性剃除眉毛之后，天然眉毛也变成了男性的特征。因此，后来才有"巾帼不让须眉"的说法。还有《红楼梦》：我堂堂须眉，诚不若彼裙钗。意思就是，我堂堂一个大男人，难道还不如你们这些女子。

当然，与眉毛有关的表达情意的高潮，大概要属古代夫妻相敬如宾的"举案齐眉"了。这个典故出自《后汉书·梁鸿传》，可以说是夫妻互敬的典范，也是称颂婚姻美满的一个掌故。

第十五章　汉字家族中的"元首"

在这个部分你将了解到下面这些字：

一　"头"有多少种叫法

人之所以成为大千世界芸芸众生中的佼佼者，其中一个重要原因是，即使在灵长类动物中，我们的大脑和思维也是最发达的。这一切都要归功于承载我们大脑中枢的一个重要器官——头。

从遥远的古代开始，我们的祖先就非常重视头，而且围绕它产生过许多很有趣的认识，甚至连它的名称也不止一种。那么，古人到底是怎么称呼它的呢? 这些称呼反映了古人什么样的认识呢?

根据目前已经发掘的文献，有关头的称呼，"首"是最早出现的。"首"的甲骨文字形是，样子像长着毛发的头顶，下面还有眼睛。意思就是"头"。例如《诗经·静女》：爱而不见，搔首踟

shǒu

首

蹰。短短两句，形象地刻画出热恋中的男女由于见不到对方，在那里焦急地一边挠头一边走来走去的样子。再如《战国策·燕策》：愿得将军之首以献秦。

今天，"首"单独使用的情况基本见不到了，它一般都出现在词语里面，像"首饰、首肯、回首、白首、俯首"等。

由于"首"是头的称呼，它后来也就有了"不同规模群体或团体领袖人物"的含义，比如"首领、首脑、元首"等，当然也有令人痛恨的"罪魁祸首"。例如《尚书·益稷》：元首明哉，股肱良哉，庶事康哉。大致意思是，君主圣明，大臣贤良，则万事安宁。

另外，由于"首"位于身体最高处，所以也用来表示"开端；前头"等。例如《资治通鉴》：操军方连船舰，首尾相接，可烧而走也。这里说的是在大家都熟悉的赤壁之战中，曹操受人蛊惑，命水军把战船连在一起的历史故事。

从"首"可以表示"前头"的意思看，它还有表示位置和方位的作用，例如"上首、左首"等。"上首"据说来自佛教，本来指僧尼集聚场合的主位，后来也指寺院中的首座，再往后则可以指一切最尊贵的座次。例如南朝梁武帝《十喻诗·梦》：出家为上首，入寺作梁栋。再比如《三国演义》：上首者白面长须，下首者清奇古貌。

"左首"就是指左边。古代进献禽类、鱼类的时候，会把它们的头朝左边放置，以示尊敬。后来就用"左首"表示左边，一般都是比较尊贵的位次。例如唐代杜佑《通典》：掌畜者以雁进，王受雁，左首执之以入。意思是，随从把雁呈递给王，王接过来，将雁头朝左，双手捧着进主人家。还有《醒世姻缘传》：

素姐果然把寄姐让在左首，行了个礼。

此外，屈原的《哀郢》里曾经有这样的诗句：鸟飞反故乡兮，狐死必首丘。其中的"狐死必首丘"其实源自古代的一种传说：狐狸如果死在外面，一定把头朝着它的洞穴。因此，后来就用"狐死首丘"比喻不忘本，也比喻对故国、故乡的思念。

"头"的金文字形是▮。左边是"豆"，表示读音，右边是"页"，合在一起是"头"的繁体字"頭"。《说文解字》：头，首也。它最初的意思就是指人的头部，后来也泛指各种动物的头。例如李白《静夜思》：举头望明月，低头思故乡。

由于"头"位于身体的顶端，所以它也用来表示事物的顶端，例如"山头、枝头、墙头、矛头、针头"等。唐代高骈《锦城写望》中有：不会人家多少锦，春来尽挂树梢头。

和"首"一样，"头"也可以表示首领，例如："头目、头领、头头脑脑"等。但是，表示这种意思时，"头"可以独立使用，而"首"却不行，比如"这是我们单位的头"，里面的"头"就不能换成"首"。当然，这种情况下，普通话里往往要儿化，说成"头儿"。

在普通话里能不能独立使用，这也是"头"和"首"的一种主要差异。另外，"头"具有更多的口语色彩，而"首"则更多出现在书面表达里。

我国民间有一句歇后语叫"剃头挑子一头热"。说的是对于同一件事情，只是一厢情愿，而另一方却并不愿意。原来，走街串巷的剃头匠们，他们携带家什的挑子，一头用来放钱以及围布、刀、剪之类的工具；另一头则是个长圆笼，里面有个小火炉，上面放着一个黄铜盆，水总保持着一定热度。因此，这一冷一热的对比，就催生了这种充满平民智慧的说法。只是随着时代的变迁，这种说法虽然会留存在语言表达中，但是其源头，恐怕只能是一种古老记忆中的情景了。

前面提到"头"的繁体字形是"頭"，而且说"页"与人的头部有关。那么，"页"最初的意思也是指人的头部吗？

"页"的甲骨文字形是，像一个跪坐着的人；而金文则是，更突出了人的眼睛和头发。《说文解字》：页，头也。简单明了，就是指头部。不过，虽然"页"最初的意思是指头部，它却并不像"首""头"那样使用，文献中表示这种意思的用法非常稀少。然而，它的作用却在另一方面得到了充分的发挥与体现。这种作用就是充当与头部有关的汉字的偏旁，例如"额、颅、颊、颔、颈、题"等。

由此可见，与头部相关的汉字，数量还真是相当可观。那么，表示"头"的汉字还有哪些呢？

二 "元首"是第一个首脑吗

前面谈论"首"的时候，我们举过一个词叫"元首"。我们知道"元旦"有第一个早晨的含义，那么，"元首"是不是也是指第一个首脑呢？

诚然，"元"的确有"第一"的含义，但是"元首"中的"元"却并不是这个意思。

"元"的甲骨文字形是，像人的形状，上面一横表示头部。

ye 页

yuán 元

《说文解字》：元，始也。也就是"开始"的意思。但是对于这种解释，也有许多不同意见。南唐文字训诂学家徐锴《说文解字系传》就说："元，首也。故谓冠为元服。"意思是说，"元"原本就是指头部，因此，男孩成人后举行束发戴冠的仪式才称作"加元服"。

《左传·僖公三十三年》：狄人归其元，面如生。意思是，北狄的人把人头归还给晋国，脸色还像活着时一样。再如《左传·哀公十一年》：公使大史固归国子之元。这里的"元"也是指人头。

在古代，包含"元"的词语也大都与头有关。例如《孟子·滕文公》：志士不忘在沟壑，勇士不忘丧其元。"丧其元"就是丢掉头颅的意思。另外，像杜甫《自京赴奉先县咏怀五百字》：穷年忧黎元，叹息肠内热。大致意思是，全年都在为百姓担忧，想到他们的疾苦，五脏六腑就火烧火燎似的焦急。其中的"黎元"指的就是民众和百姓。因为"黎"有"众多"的含义，而"元"则由人头的意思进而指人，合在一起相当于"黎民百姓"。

头是人体的最高部分，所以"元"后来又有了"最高；开始"等含义，这也正是《说文解字》里面的解释。比如我们现在比较常用的词语"元老、元帅、元凶"等，其中的"元"就有这样的含义。

另外，在古代，新的帝王继位，往往都把登基那一年的年号命名为"××元年"；在封建时代"三妻四妾"制度下，"元配"是指第一个正妻；科举制度中，乡试、会试、殿试的第一名，合称"三元"，而考取殿试一甲第一名的人，叫做"状元"；到了现在，我们也还把每年的第一天叫作"元旦"……这些说法中的"元"，就是由它表示"开始"的意思，进而发展出了"第一"的含义。

三　我们真的能"头"顶着天吗

　　《三国演义》作者罗贯中在他的另一部文学作品《隋唐两朝志传》中，有这样的描写：头顶通天冠，腰系龙蟠带。那么，我们的头顶与天有关系吗？

wù

兀

　　我们先来看看"兀"这个字。"兀"的金文字形是 。下面是"儿"，表示人，上面的一横表示头顶上面，合在一起表示"高"的意思。例如明朝的《徐霞客游记》：宛然兀立，高可百尺。其中的"兀立"就是表示山峰高耸的样子。

　　而关于山，人民领袖毛泽东在长征途中所作《十六字令》之一是："山，刺破青天锷未残。天欲堕，赖以拄其间。"这是多么豪迈的胸怀与气概，而且是在极端严酷的长征途中！

　　看起来，人、山、天，在大千世界中有融为一体的趋向。而实际上，在我国古代，"天人合一"的观念的确是最基本的哲学思想。人们往往认为，天道即人道，人世间的万事万物也应当按照大自然的本质规律运行，这样才能达到和谐。大概正是由于这种因素，汉字里面的"天"才清楚地表现出和人的关系。

tiān

天

　　"天"的甲骨文字形是 ，是一个正面站立的人的轮廓，头部非常突出。它最初就是表示至高无上的地方。而这个地方正是头顶与天的合一。正如西汉扬雄《扬子法言》所述：圣人存神索至，成天下之大顺，致天下之大利，和同天人之际，使之无间也。他认为，圣人寻求治理天下最合理的方式就是让天、人之间融合无间隙。

《说文解字》对"天"的解释也是：颠也。而"颠"的右边是"页"，表示与头部有关，因此，它最初的意思就是头顶，后来也可以指一切比较高的事物的顶部，但是，表示山顶之义的现在则有另外一个字——巅。

《后汉书·蔡邕传》中有这样的描述：有务世公子诲于华颠胡老。意思就是，有一位胸怀天下事务的公子向头发花白、德高望重的元老请教。这里的"颠"指的就是头顶。在古汉语中，"颠毛"就是头发；"颠顶"则是头顶；而"颠童"则用来形容老人头发稀少。例如曹雪芹《月夜纳凉喜又昭至》：相对各颠童。

既然"颠"最初表示头顶，而"顶"的右边也是"页"，那么，它也一定与头部有关了。依照《说文解字》：顶，颠也。显然，"顶"最初跟"颠"的意思完全一样，也是指人的头顶。例如《庄子·大宗师》：肩高于顶，句赘指天。意思是，肩部高过头顶，颈椎弯曲得好像赘瘤朝天隆起。

直到现在，我们常常用到的一些词语，像"秃顶、谢顶、醍醐灌顶、顶礼膜拜"等，其中的"顶"仍然指头顶或头部。

另外，由于"顶"指头顶的含义，它后来也扩展出"用头去承当、支撑以及顶撞"的意思。因此，"顶岗、顶杠、顶牛、顶嘴"中的"顶"就是表示这类动作的意思。当然，在日常生活中，我们应该多用头和智慧去承当，而顶撞的事还是尽量少做一些吧。

diān

颠

dǐng

顶

何谓"顶戴"

"顶戴"指的是官员们帽子顶部的饰物。这些饰物是镶嵌在官帽上的，一般用宝石、珊瑚、水晶、玉石、金属等制成。清朝的时候，"顶戴"是区分官员品级的重要标志。按照满清制度，一品官员为红宝石；二品为珊瑚；三品为蓝宝石；四品用青金石；五品用水晶；六品用砗磲（chēqú）；七品为素金；八品用阴纹缕花金；九品则是阳纹镂花金。无"顶戴"者无官品。

可见，官帽上的"顶戴"是职衔的标志。而且，如果革除官品，基本上也就相当于砍头了，因为除了真实的斩首，哪怕是降为庶民，也等于斩断了这些官员的政治生命。大家可能都对历史上一些被贬官员如丧考妣的情形印象颇深吧。例如《施公案》："'此时先将汝摘去顶戴。'陆平听了这派官话，吓得魂不附体。"

这种对乌纱帽的执著，几乎到了病态的程度。当然，这里面既有追名逐利的封建意识在作祟，也有我国传统文化重视帽子的原因。孔子最得意的门生子路为了正衣冠从容赴死的传说流传了几千年，而且受到许多封建士大夫和黎民百姓的追捧，由此可见古人对帽子的看重。

第十六章　触"手"可得的汉字

在这个部分你将了解到下面这些字：

手	拳	掌	左	右	友	叉	失	反	爪
指	具	秉	弄	承	秦				

一　我们对"手"的认识有多少

"手"的金文字形是 ，像是一只伸开五指的手。段玉裁
《说文解字注》："今人舒之为手，卷之为拳。其实一也。"意
思是说，手伸开叫手，握起来叫拳，其实都是指手。《诗经·击
鼓》：执子之手，与子偕老。大意是，要挽着你的手，和你一起相
伴到老。这两句诗常常被用来形容忠贞不渝的爱情。

"手"最初是指手腕以下能抓握东西的部分，因此，它后来
就具有了"拿、持"这一类意思。例如《公羊传·庄公十三年》：
庄公升坛，曹子手剑而从之。这里的"手剑"就是用手持剑的
意思。现在，在一些词语里面，"手"仍然保留了这些意思，比如
"手笔"就有拿笔写东西的意思，郭沫若的《屈原》中有：你是

shǒu

手

手笔快的，怕已经做好了吧？

　　"手谈"则隐含着用手拿棋子切磋对局的意思。例如《聊斋志异》：丐者陈九，又擅手谈。之所以称为"手谈"，是因为下棋时，对局双方一般都不说话，只是通过棋子来表达意图，就像在棋局中交谈一样。

　　"手"还可以用来表示类似人手作用的机械部件或动物的感触器，比如"把手、扳手、触手、拉手、机械手"等。另外它还有"亲自、亲手"的意思，比如明朝归有光《项脊轩志》：庭有枇杷树，吾妻死之年所手植也，今已亭亭如盖矣。像这样的词语还有"手刃"，就是亲自用刀杀的意思。

　　我们把掌握了某种手艺或技能的人，也叫"××手"，如船上的"水手"、唱歌的"歌手"、打鼓的"鼓手"等。同时，对其中掌握技能程度不同的人，会用"新手、老手、能手"来形容。而技能熟练者展示技能则叫"露一手"。

有时候，亲友聚会时，有人会通过"看手相"来调节气氛，并小小地"露一手"。当然，这种手艺也是一些人混饭吃的本领。

手相的起源其实非常早，据传在印度，一些遗址的壁画中以及婆罗门教所流传的口碑中，都有关于手相的记载。而在我国，手相学大约在三千多年前的周朝就已经盛行，并且出现了比较完整的关于手相的论著。

"拳"的金文字形是🅰️。上面的部分表示读音，下面是手的形状，意思就是"攥握起来的手"。例如《礼记·檀弓》：执女手之拳然。这里"女"的意思跟第二人称代词"汝"相同。

至于表示诚恳、勤勉意思的"拳拳"，它跟"拳"本身的意义完全没有关系，只是借了读音和字形而已。类似的例子并不在少数，例如"洋洋、脉脉、款款、习习、碌碌"等。

攥起来的拳头，既包括手指，也包括手掌。《说文解字》：掌，手中也。段玉裁《说文解字注》：掌，手有面有背，背在外则面在中，故曰手中。所以，"掌"最初的意思就是"手掌、手心"。

由于"手心"的含义，"掌"后来也可以表示"握在手里掌管"等意思，例如"掌权、掌柜、掌灶"等。"掌故"的意思其实也来源于此。"掌故"最初是汉朝设置的负责掌管"礼乐制度等故实"的官吏，其职责就是遵循旧有的规矩，建立、实施礼仪制度，因此，"掌故"实际上就是"掌管过去流传下来的惯例"的意思，后来也就可以表示"过去的故事"等意思了。

此外，"掌"还可以表示用手掌击打，例如"掌嘴"等；也可以表示"用手举着"，例如"掌灯"。而掌灯的行为一般都是天色变暗、需要照明的时候，所以，后来天色向晚的黄昏也可以说成"掌灯时分"。

quán
拳

zhǎng
掌

当然，由于和"手掌"某种相似的原因，我们人类还有"脚掌"。人类是地球上唯一直立行走的高等动物，而其他动物是不区分上下肢的。因此，"掌"对于其他动物而言，就是指"足"的底部，比如"熊掌、鸭掌、鹅掌"等。有句话叫"鱼与熊掌不可兼得"，出自《孟子》：鱼，我所欲也，熊掌，亦我所欲也，二者不可得兼，舍鱼而取熊掌者也。看来面对选择，人不能太贪心。

熊掌是珍贵之物，现在已经禁止通过猎杀获取。即使再喜欢的东西，也应取之有道。当表示对某人某事的珍爱时，我们可以用"掌上明珠、掌中明珠"来形容。例如辛弃疾《永遇乐·送陈光宗知县》：落魄东归，风流赢得，掌上明珠去。

二　你知道"左""右"最初的意思吗

人有一双手，双手分左右。"左"和"右"与手有关吗？

zuǒ

左

"左"的金文字形是斥。《说文解字》：左，手相左助也。可见，"左"原本是"用手辅佐、从旁帮助"的意思，俗字为"佐"。《诗经·长发》：实维阿衡，实左右商王。意思是，有一位良臣名叫阿衡，在商王身边辅佐。

后来随着字义的不断发展变化，"左"就产生了"左手"的意思。例如《诗经·君子阳阳》：君子阳阳，左执簧，右招我由房，其乐只且。意思是，君子们左手拿着簧（一种乐器），右手招呼我进房间，就是这么欢乐。寥寥数语便渲染出一派喜气洋洋的欢乐场景。

"左"在古代还表示贬谪的意思，比如"左迁"就是指降低官职；另外，我们也会把邪而不正的东西说成"左"，例如"旁门左道"等。

　　"右"与"左"相对，它的金文字形是⿰。从字形上看，右上角是手的形状，左下是"口"。《说文解字》：右，手口相助也。意思是，手和嘴并用帮助别人。俗字写作"佑"。例如刚刚举过的例子"实左右商王"。

yòu

右

　　后来它的意思有所扩大，可以表示"尊崇、崇尚"。例如《淮南子》：兼爱，尚贤，右鬼，非命，墨子之所立也。大致意思是：博爱，尊敬贤良，崇奉鬼神，不信天命，这是墨子创立的主要思想。

　　现代汉语中，"右"多用作"右手、右边"等意思，例如"右利手、男左女右"等。

　　其实，在古代，"右"还有另外的字形，这就是"又"。"又"的甲骨文字形为⿰，像一只右手的形状。段玉裁《说文解字注》："又，手也。象形。此即今之右字。"

　　由于这种最初的含义，后来把"又"当作偏旁的字往往与手有关。例如"友"的字形就是两只手拉在一起，以表示志同道合的朋友。1988年，第二十四届汉城（现在译作"首尔"）夏季奥运会会歌*Hand in Hand*，译成中文就叫"手拉手"，其中大概隐含着友爱、志同道合等意义吧。此外，像"取、受"等字中的"又"也都是手的形状和意思。

yǒu

友

何谓"三左""三右"

后人修编周朝历史的时候，曾有"三左""三右"的说法。具体是指周王朝设置了六位位高权重的帝王近臣，称为"六卿"。他们六人在朝堂之上分站王的两边。左边三位，称为"三左"，分别是太史、太祝和太卜；右边三位，称为"三右"，分别是太宰、太宗和太士。这六名重臣，大体分工是：左边三位主要负责祭祀事务，右边三位则主要分管宗族和内府事务。一边主内，一边掌外。

按照周朝的社会制度，这两边所管都是国家大事。因为，一方面，据《左传·成公十三年》"国之大事，在祀与戎"，祭祀与征战显然已经并列成为国家的首要事务；另一方面，内府所管的主要事务，必然有不可或缺的礼仪制度，而礼仪制度则毫无疑问是周朝的立国根基。因此，才会有后世圣人孔子"克己复礼"的主张。此外，作为礼法的重要标志，祭天地四方的"六器"和诸侯邦国的"六瑞"，均为玉制品，而"周"的甲骨文字形恰恰有人认为就是刻有花纹的玉片，这与西周极端重视礼法的制度应该不仅仅只是巧合吧？

三 "手"会变出什么戏法

暂且抛开国事，回归人体本源。左手和右手对于人来说，的确有分工上的不同，但是，左右配合却是更重要的事。君不见，技艺超群的魔术师，都是靠一双灵巧的手，左右配合，天衣无缝，呈现给我们一个变幻多端的世界。那么，我们自己的左右手，除了长大、变老，还会有什么别的变化吗？

先来说说"叉"。"叉"的甲骨文字形是ᘐ；《六书通》里收了一种字形是ᘐ。《说文解字》：叉，手指相错也。意思是说，"叉"表示左右手的手指互相交叉。按照这种解释，再回过头看甲骨文和《六书通》里的字形，前者显然是在手上用点画标示出手指交叉的位置，而后者则形象地描画出两只交错在一起的手。

chā

叉

需要注意的是，"叉"是个多音字，除了读第一声，还可以读成另外三种声调。读chá时，意思来自北方一些地区的地方话，表示"卡住或挡住"；读chǎ时，表示"分开成叉子形"，如"叉开腿站着"；读chà时，表示细条状东西末端的分支，如"头发分叉了"。

另外，"夜叉"这种说法是用读音相近的汉字翻译的梵语词汇，跟"夜"和"叉"本身的意思完全没有关系。它在古印度原本是指一种恶鬼，后来由于受佛法教化而成为护法之神。至于它表示"丑恶凶狠的人"，是在它进入汉语以后，由原本的"恶鬼"含义，又重新发展出来的。

有些时候，人交叉双手的主要目的是支撑或护持某些东西，然而百密一疏的情形从来都是难以杜绝的，比如遗失物品。

　　是"失"的小篆字形，非常形象地反映了东西从手里逸脱的情形。段玉裁《说文解字注》：在手而逸去为失。可见"失"原本就是"失掉、丢失"的意思。

　　"失"在古代是可以单独使用的。例如《孟子·公孙丑》：得道者多助，失道者寡助。意思是，拥有道义的人得到的帮助就多，失去道义的人得到的帮助就少。到了现在，"失"单独使用的情况基本上没有了，它一般只用在词语中，例如"失明、失德"等。

　　"失"在某些词语中，并不能一下就看出与"丧失、丢掉"的关系，比如"失手"和"失足"，不可能是真的把手和脚弄丢了，实际上指的是失去了对手脚的控制。其他如"失礼、失火、失策、失眠、失职"中的"失"，大体上都是这样的意思。

　　人疏忽的时候，手中的东西会发生逸脱的情况，但是，究其本质功能，人的两只手主要还是具有抓握作用的。下面我们来看"反"字。

　　"反"的甲骨文字形是　，外面是"厂"，表示山崖，里面是一只手的形状。《说文解字》：反，覆也。意思是手心翻转。例如《太平广记》：僧熟视而出，反手阖户，门扃如旧。"反手阖户"就是回手关门的意思。

　　其实，上面说的应该是"反"后来扩展出来的意思，而它本来的意思据考证是用手攀登山崖，也就是"扳"，不过这种意思后来消失了。

　　另外，在许多古代文献中，存在着"反"相当于"返"的大量用例，例如《论语》"使子路反见之"；《庄子·逍遥游》"旬有五日而后反”；《战国策·燕策》“今日往而不反者，竖子也”。对这种情况，阅读古代文献的时候一定要事先有所了解。

虽然人的手不适合叫“爪”，除了表示某种疾病的“鸡爪风”与人有点关系，其他情况下，“爪”都是用于动物的。但是我们不得不说，“爪”最初的时候还真的与人的手有关。

“爪”的金文字形是。对此存在着两种比较典型的解释：一种认为这个字形像手指间有物，意思是“抓、握”等；另一种认为像指端有指甲，因此表示指甲和趾甲。但是，无论“爪”最初的意思符合哪种解释，它后来最常用的意思还是指人和其他动物的手足。例如苏轼《和子由渑池怀旧》：泥上偶然留指爪，鸿飞那复计东西。

当然，“爪”表示人的手足，除了调侃与自嘲，最常见的情况还是在由它组成的字里面，例如“采、爬、舀、受”等。“爪”在字的上面做偏旁时，一般会变成“爫”。

如果说“爪”最初的确指的是指甲或趾甲，那么“指”和“趾”一定就是指头和趾头了。这种推断应当说非常接近真相，但还是有一些小的出入。

因为，手指和脚趾最初用的是同一个汉字——指。例如《史记·高祖本纪》“汉王伤胸，乃扪足曰：‘虏中吾指！’”意思是说，刘邦被项羽手下射中胸部，却假装握住脚说：“贼人射中了我的脚趾。”而“趾”最初的字形是“止”，甲骨文形体为**，形状和意思都是“脚”。后来又加了“足”字旁，写作“趾”，但还是“脚”的意思。“趾”表示脚趾的意思其实是一种误写，后来积非成是，也就固定下来了。

"食指大动"是什么意思

"食指大动"是现在比较常用的一个成语。它本来是指有美味可享的预兆，后来也用来形容看到好吃的东西而贪婪的样子。其实，这里面还隐藏着一个典故。

这个故事出自《左传·宣公四年》，大意如下：

公子家和公子宋都是郑国的贵戚。有一天，二人去见郑灵公，快要进宫门的时候，公子宋忽然停住脚步，抬起右手抖动的食指，对公子家说："看样子，今天有好吃的在等着我们哪！"公子家将信将疑地问他原因。公子宋笑着说："你以为是我让食指抖动的吗？以前每当我食指动起来以后，总能尝到新奇的美味！"

两人一起进宫，恰巧郑灵公在吃美味的鼋(yuán)。公子宋以为郑灵公会请他吃，没想到郑灵公却故意不给，目的是为了表明所谓的"食指大动"并不灵验。公子宋非常生气。于是，伸手到锅里蘸起肉汁尝了一下，随后扬长而去。郑灵公见状大怒，他认为公子宋藐视君王，因此决意杀他，最后反而被公子宋所杀。

这个典故也导致了"染指"一词的产生，后来人们用它来比喻为了获取不应该得到的利益而插手某些事情。

四 "手"藏哪里去了

除了极其特殊的情况，我们的手一般总是与我们相生相伴的，而且大多数情况下，手眼并用也是一种常态，因此，民间有"眼到手到"的说法。那么，什么情况下我们看不见自己的双手呢？最直接的回答大概就是"伸手不见五指"的黑暗场所了。但是，大家想过没有，现在有些与手有关的汉字，我们仅仅从现代字形上面，却是看不出哪里有手的。

对于"又、扌、ʌ、ナ"这几个常见的偏旁，我们大概还是有些了解的。然而，下面我们将要谈论的几个字，要在其中看出手的源头并明白它们最初的含义，恐怕就要花一番心思了。

我们先来看"具"。这个字的金文字形是鼎，上面是"鼎"，下面是一双手。最初的意思是"双手捧着盛有食物的容器"。《说文解字》：具，供置也。意思就是准备饭食或酒席。例如孟浩然《过故人庄》：故人具鸡黍，邀我至田家。可见淳朴的农家是多么好客。

由于"具"具有"准备"的含义，所以起草、书写诉讼状也叫"具状"，例如《施公案》：洪家翁具状代申冤，陈氏女认供甘抵罪。再往后，它也就逐渐有了"写"的意思，比如"具名"指的就是签名；而"父名不具"则是父亲写给儿女的家书中，结尾处落款的用语。因为按照传统观念，父母长辈的名字都应当为尊者讳，子女晚辈绝对不可以直呼，因此，父亲写给儿女的家信也就不便直接署名了。

父辈千里修书，游子自然会秉烛一读再读。而"秉"字中，

jù

具

bǐng

秉

也是隐藏着"手"的。"秉"的甲骨文字形为，就是一只手握着"禾"，意思是"一束谷类作物"，后来也用来表示抓握的动作，例如《管子·轻重乙》：有一人秉剑而前。

再来看"弄"字。这个字是多音字，我们这里谈论的是"摆弄"的"弄"。"弄"的金文字形为。上面是玉（金文的"玉"字本身就没有"点"），下面是两只手，意思就是"用双手把玩玉器"。

nòng

弄

玉器既然可以把玩，那么，乐器自然也可以把玩。而把玩乐器，其实就包括了演奏。后来"弄"就由演奏的意思，逐渐也用来指乐曲，而这，正是"梅花三弄"中"弄"的含义。

谈到民族音乐，继承与发展大概是永恒的主题。"继"的基本意思是接续，那么，"承"又是什么意思呢？

"承"的甲骨文字形为，是两只手托着一个人的形状，意思是"捧着、接受"。例如《后汉书·张衡传》：外有八龙，首衔铜丸，下有蟾蜍，张口承之。由于具有"承受"的意思，所以在某些机械里面，能够起支撑轴的作用的零件就叫"轴承"。

"承"往往也是封建帝王比较喜欢的一种说法，例如被许多帝王用烂了的"奉天承运"等。那么，我们最后再看一看我国第一个封建集权制王朝——秦朝的名称。

"秦"的甲骨文字形为，上面是两只手抓握农具"杵"的样子，下面是两个"禾"。《说文解字》："伯益之后所封国。地宜禾。"意思是说，"秦"是大禹禅让帝位的继承者伯益后人封地的名称，该地土壤适合种庄稼。而"秦"的字形的确与庄稼、农事有关。双手持"杵"，表示加工收获的农作物，比如脱粒等；下面的两个"禾"，其实是"秝"字，读作lì，意思是庄稼种植得株距很合适，这样自然有利于庄稼生长。由此可见，号称八百里秦川的汉中平原，自古被誉为天下粮仓，并非浪得虚名。

而以农为本，重视农业，即使在当今社会，也是保证我们民族兴旺和国家安全的重要基础。我们每一个中国人，都应该牢牢记住这一点。

第十七章　"足"下自有文章

在这个部分你将了解到下面这些字：

足	鼎	疋	止	脚	走	跑	步	历	正
企	凌	登	舛	韦					

一　足是一只脚还是一个就够

中国有句古话叫"千里之行，始于足下"，另外还有一句话叫"读万卷书，行万里路"。可见人的两只脚对于游历和求知的重要性。自然界的万千生物，有脚的一般都以偶数为多，但是，古代传说中曾经出现过一只脚的神人，这是怎么回事呢？

原来，古代文献往往没有标点，有时候断句不同，就会造成不同的理解。我们先来看一个例子。

《韩非子·外储说》中有这样一段话：

哀公问于孔子曰："吾闻夔（kuí）一足，信乎？"曰："夔，人也，何故一足？彼其无他异，而独通于声。尧曰：'夔一而足矣。'使为乐正。故君子曰：'夔有一（此处应当断句）足。'非一足也。"

这是关于鲁哀公与孔子对话的记载。其主要意思是确认尧舜时期一位名叫"夔"的人，究竟是不是一只脚。孔子解释说，帝尧的话应当是"夔这样的人，有一个就足够了"，而不是"夔有一只脚"。

当然，之所以产生这样的误会，也与"夔"既是人名，也是传说中的一种神兽有关。因为神兽谁都没有见过，因此，对其外形难免有所附会。现在我们从古代一些青铜器上常常还能见到"夔龙纹"。另外，"足"的多义性也是引起误会的一个根源，因为它既有"脚"的意思，也可以表示"足够"。

"足"的甲骨文字形是$\math{\mathcal{Z}}$，上面像膝盖和小腿，下面是脚的形状。《说文解字》：足，人之足也。意思就是人的脚。

除了"夔一足"的典故，古代与"足"有关的故事还有很多，例如我们大家都耳熟能详的削足适履、画蛇添足等。此外，中国在几千年封建社会里，曾经还有一种有违人道、丧失人性的"缠足"习俗。关于这种恶习的起源，目前尚未确定，大部分意见认为起源于隋唐，但是也存在着源自夏商时期的看法。这种戕害妇女的陋习，在历史上也一直受到有识之士的质疑和挞伐，到了近代，更是成为标榜民主自由思想的先驱们攻击的靶的，例如严复《原强》：至于缠足，本非天下女子之所乐为也，拘于习俗，而无敢畔其范围而已。

"足"由于有指人脚的意思，后来也用来指其他动物的脚以及器物底部起支撑作用的部分。例如《资治通鉴》：如此则荆、吴之势强，鼎足之形成矣。意思是说：如果这样的话，荆州刘备、东吴孙权趁着这个强大势头，天下三足鼎立的局面就形成了。

zú

足

dǐng

鼎

"鼎"是中国古代的一种青铜器。一般分为两种：一种是三足的圆鼎，一种是四足的方鼎。它最初是一种炊具，后来因为多用来烹饪祭祀神明用的纯色牲畜，逐渐成为一种非常重要的礼器以及权力、地位的象征。例如天子用九鼎，诸侯用七鼎，以下次之。

成语"一言九鼎"就源于此，形容说话极有分量，能起决定性作用。在古代，还有大禹铸九鼎的传说，所以夏、商、周三个朝代的帝王都把九鼎作为传国神器。后来，历代君王也都把建立王朝和定都称为"定鼎"，把图谋夺取天下称为"问鼎"。再往后，"问鼎"也成为在某个方面赢得胜利的代名词。

除了"人脚"等意思，"足"还可以表示"充实、足够、富足"等。例如贾谊《论积贮疏》：民不足而可治者，自古及今，未之尝闻。意思是，人民生活不富裕而统治者还能继续治理好国家，这种事从古至今从来没听说过。

由"充足"等意思，"足"又逐渐产生出"纯度高"的含义。例如"金无足赤，人无完人"，意思就是，哪怕是很多人趋之若鹜的"足金"，实际上也没有百分之一百的纯度。

二 脚有哪些不同的叫法

shū

我们都知道汉字里面存在着字形相近的情况，与"足"字形接近的，就有这样两个字："疋"和"止"。

"疋"在小篆里写作，跟"足"非常相似。《说文解字》：

疋，足也。有研究认为，这两个字其实就是同一个字。但是，"疋"当作脚的意思现在已经很少见到了。不过，我们在其他字里面仍然能够找到这种意思的存留，比如"疑""疏"和"楚"。

"疑"里面的"疋"由于与"止"相通，自然也就有了"停止"的含义，而"停止"就带有"不通"的意味，因此，也就暗含着"由于不通而产生了疑惑"之义。

"疏"却与上述情况正相反，它左边略有变形的"疋"就是"脚"的意思，右边的"㐬"表示婴儿顺产。脚能行走，再加上顺产之义，因此就有了"疏通"的意思。

"楚"最初的意思是"足历山林"，也就是人在山林中开荒，所以有"开垦、拓荒、开辟"等含义。后来也可以指山林，而且和同样指一种灌木的"荆"意思相同。"荆"在古代很早就当成一种鞭打的刑具来用，因此才有廉颇"负荆请罪"的典故。再进一步，"荆楚"这种刑具，抽打在人的身上，一定会引起痛苦的感觉，所以"痛楚、苦楚、酸楚"这些词里面的"楚"就找到了意义的根源。

前面曾经提到过"止"，它的甲骨文字形为 𝑾，就是人脚的形状。《说文解字》："止，下基也。象草木出有址，故以止为足。"意思是说，"止"是指下面的根基，好像草木有根一样，因此把"止"解释为"足"。例如《仪礼·士昏礼》：御衽于奥，媵衽良席在东，皆有枕，北止。意思是，随从在屋内西南角铺设卧席，陪嫁的人在稍东的位置为新郎铺设卧席，都有枕头，脚朝北。

随着字义的不断演变，"止"到了现在已经没有"脚"的意思了。但是由于最初的意思，它在一些字里面还能让我们感觉到"脚"的存在，例如"步、武"等。"步"的甲骨文字形为 𝑽，是

zhǐ
止

前后两只脚的形状，意思是“左右两只脚交替往前行走”。例如《战国策·齐策》：晚食以当肉，安步以当车。

《韩诗外传》“树欲静而风不止”中的“止”，已经是“停止的意思”了。历史上有许多文献，在解释“武”的时候，常常说“止戈为武”，意思是不用兵器和武力而使对方屈服，这才是最出色的武功，也是武学的最高境界，也就是所谓的“不战而屈人之兵”。

但是从“武”的甲骨文字形来看，上边是兵器“戈”，下面是脚。因此，合在一起解释成“拿起兵器去打仗”也是说得通的。而的确有些学者认为“武”就是“征战”的意思，例如《春秋繁露·楚庄王》：武者，伐也。

jiǎo 脚

一连讲了几种关于“脚”的不同说法，其实，现在最常用的还是“脚”。《说文解字》：脚，胫也。“胫”是“小腿”的意思，因此，“脚”原本是指小腿，后来也指其他动物的腿。例如《淮南子·览冥训》：飞鸟铩翼，走兽废脚。意思就是鸟兽的翅膀和腿折断、损毁。

但是，对于《韩非子·难言》“孙子膑脚，而论兵法”中的“膑脚”究竟指的是古代一种什么样的刑罚，现在却存在着两种意见：一种观点认为“脚”就是足，所以“膑脚”指的是砍去双足；另一种解释是“脚”指膝盖及以下部分，所以砍掉的应当是小腿。

在南北朝时期，著名的《木兰诗》中有“雄兔脚扑朔，雌兔眼迷离”这样的描写。这里的“脚”指的就是兔子的“足”了。

由于“脚”位于躯体最下方，所以，它后来也就可以表示其他事物最末端用于支撑的部分，例如“桌脚、墙脚、山脚”等。

"脚注"虽然不具有支撑作用，但是由于它也位于文本下面，所以有此名称。

有一个现在已经停止使用的词语很有意思，它就是"脚色"。现在一般把它当作"角色"的另一种形式而废止了。但是，从历史上看，前者的缘起首先与后者不同；其次，前者表达意思的范围也远比后者大。

"脚色"最初的意思一言以蔽之，就是指"履历"，例如清代袁枚《随园随笔》：宋制，百僚选者具脚色，似即今之投履历矣。

宋代官场十分重视所任用官吏的个人历史，如果谁要入仕混迹官场，就必须填报"脚色状"。这类文件一般有两部分主要内容：一是个人及家庭的基本情况，有"籍贯、户主、祖宗三代功名官衔、家庭人口、年龄、出身履历"等；二是社会关系和政治立场，内容与当时所发生的政治事件密切相关，所以各个时期有所不同。例如宋宁宗庆元年间，由于视朱熹等人所倡导的学说为伪学，因此规定凡入仕者，"脚色"中必须写上"不习伪学"，否则不给官职。

从这种"脚色"制度中，不难看出宋代朝廷对官吏的使用和人事管理的一些做法。至于为什么把个人"履历"叫作"脚色"，现在只能推测"履"与"足"有关，不管穿鞋不穿鞋，路都是自己走的，因此，行路的痕迹也就是个人的历史，叫"脚色"可能趋于通俗，后来改成"履历"则更具雅致味道。

由于"脚色"后来也用于传统戏曲行当，所以它也就具有了"角色"的含义。再往后，为了减少多种形式给学习和使用带来的不便，国家有关部门就通过组织专家整理，最后选择"角色"

作为通用形式，而"脚色"则退出了历史舞台。

另外，在我国古典家具中，也存在并保留着重视"脚"的传统。我国传统家具一般采用"亮脚式"结构，十分重视"腿、脚"的装饰。而脚部的装饰主要体现在多种形式上。像"直脚"是最普通的脚；"兽爪脚"则是雕刻成野兽爪子的形状；另外，还有"卷珠脚、卷叶脚、踏珠脚、关刀脚"等样式，造型优美，为古典家具平添了许多情趣。

三　脚有哪些运动的形态

奔走大概是一切动物最本能的运动之一，人类也不例外。而奔走活动所凭借的身体器官中，脚应该是相当重要的了。有人说婴儿从爬，到站立，再到直立行走，基本上就是一部浓缩了的人类进化史。的确，直立行走应当是人的一生、也是人类进化历史的一个里程碑。

zǒu

走

"走"的金文字形是 ，上面像一个摆动双臂跑步的人，下面是"止"，即人的脚。因此，"走"在古代指的就是"跑"。《说文解字》：走，趋也。"趋"就是"快步走"的意思。例如《山海经》：夸父与日逐走。意思就是夸父与太阳赛跑。这里的"走"就是"跑"的意思。

pǎo

跑

而"跑"最初的意思则是"动物用脚刨地"。例如《西京杂记》：马鸣蹄不肯定，以足跑地久之。意思就是，马局促不安，边嘶鸣，边用脚刨地。再比如，人间天堂杭州，西湖边上有一处名泉，叫"虎跑泉"，据说这个名称就是源自老虎刨地而出泉水的传说。后来，"跑"渐渐具有了"跳跃、奔跑"等意思，因此，"走"的"奔跑"意思就转移到了它的身上，而"走"本身就不再表示"跑"的意思了。但是读古书的时候，大家还是需要细心分辨。

　　既然"走"也是跑，"跑"也是跑，那么，古代表示"走"的意思用哪个字呢？其实，这个字前面已经提到了，它就是"步"。"步"最初的意思就是"行走"，比如"安步当车、亦步亦趋、邯郸学步"等。

　　除了最基本的走与跑，脚还同许多行为动作有关系。因此，我们在许多汉字中都能看到它的影子。

　　"历"的甲骨文是 ，上面的"秝"表示读音，下面是"止"，表示与脚和行走有关，合在一起的意思就是"经过"。在"历史、经历、学历"等词语中，现在仍然能够体会到"历"的这种意思。

　　"正"的甲骨文字形是 ，上面的符号表示走的方向，下面是脚，表示行走。意思是"向这个方位或目标不偏不斜地走下去"。因此，寓意"准确、正确"。

　　"企"的甲骨文字形为 ，上面是一个人形，下面是脚。《说文解字》：企，举踵也。意思就是人踮起脚跟，后来也可以指"站立"。所以，像"企盼、企望"等说法就非常形象，因为当人踮起脚跟、翘首以望的时候，他一定是在盼望着什么。现在，普通话里面的"企"已经不能单独表示"踮起脚跟或站立"的含义了，但是在我国香港地区，公共交通工具，特别是公共汽车上，常常还能看到"企位"的字样，其含义就是"站位"。

bù
步

lì
历

zhèng
正

qǐ
企

上面谈到的这些字，它们虽然存在着一些与最初意思距离比较远的情况，但是好歹从字形上，我们依稀还能看到与"脚"的关系，因为里面可能包含了"止、足"这样的部分。可是，有些汉字，在发展演变过程中，它们不仅离原来的意思越来越远，而且字形上也完全看不出与脚有什么关系了，例如"凌、登、韦、舛"等。

"凌"字的右下角是"夊"，读作suī，意思是"人趿拉着鞋行走迟缓"。它和上面表示"堆土致高"的部分合成"夌"，意思是"超过、超越"。而"凌驾"中的"凌"正好继承了这种意思，就是表示"越过"，所以才有"凌驾于某某之上"这样的说法。

"登"的上半部分是"癶"，读作bō，表示两只脚分开相背，下面的"豆"表示器物，合在一起表示"上车"之义。例如《孙子·谋攻》：下视其辙，登轼而望之。后来也就有了"往高处上升"的含义，例如《左传·成公十五年》：登丘而望之，则驰骋而从之。

跟"癶"一样，"舛"的字形也是两只脚分开相背，意思就是"相违背、颠倒"。因为相背，所以也就隐含着"背离、不顺"等含义，比如"舛错、命途多舛"等。相关的文献用例非常多。例如《梁书》：而沈约所撰，亦多舛谬。还有《严识玄墓志》：才高命舛，仕不得途。

而表示"背离"的，还有"韦"字。韦的繁体字是"韋"，甲骨文字形是，上下像两只方向相反的脚，中间是"口"，表示读音，合在一起表示"违背"。实际上，它是"违"的古字。当后起的"违"产生之后，"韦"就不再表示"违背"的意思了。另外，当"韦"在其他字里面作偏旁时，有的时候意思与"革"相同，指熟皮子。例如："韧"的意思是"像熟皮子一样柔软而结实"；而"韬"的意思则是指皮质的剑套。因为是套子，所以就有隐藏的含义，因此"韬光养晦"就含有"掩藏"的意味。

可见，在看不见的"脚"背后，同样也隐藏着不少有趣的事情。像这样的事情一定还有很多，正等待着我们大家一起去发掘。

第十八章 藏在五脏六腑的汉字

在这个部分你将了解到下面这些字：

脏	腑	心	肝	胆	脾	肺	肠	腹	肚
胃	肾	腰	月	耳					

一 "五脏六腑"指的是什么

提到"五脏六腑"，大家一定都不陌生。但是，为什么会叫"五脏六腑"，它具体指的是哪些人体器官呢？这就需要我们来看一看老祖宗的讲究了。

zàng

脏

"脏"现在是个多音字，读第一声的时候，表示"不干净"；读第四声的时候，才属于我们将要探讨的问题。

"脏"，最初写作"藏"，是"宝藏"的"藏"，不是"隐藏"的"藏"。而"藏"最初的意思是"储存财物的府库"，后来也表示人体的内脏。例如《汉书·王吉传》：吸新吐故以练藏。意思是通过吐故纳新锻炼脏器。

"五脏"指的是"心、肝、脾、肺、肾"。它的主要生理功能是产生、吸收并储藏精、气、血、津液和神，因此，又叫"五神脏"。由于精、气、神是人体生命活动的根本，所以五脏对人具有极其重要的作用。

由于"五脏"的重要作用，所以它也被称为"正脏"或"神脏"。例如清代高士宗《素问直解》："形脏四，谓膀胱、小肠、胃、大肠，所以藏有形之物，故曰形。神脏五，谓肝心脾肺肾，所以藏无形之气，故曰神。"而对于"五脏"具体储藏的是什么，清代另一位医道高人黄元御在《难经悬解》中这样解释："所谓神藏者，肝藏魂，心藏神，脾藏意，肺藏魄，肾藏志也。以其皆神气居之，故云神藏五也。"

这些中医理论看上去着实挺玄妙的，反正我们只要了解了"五脏"是什么，并且知道它对我们非常重要，也就够了。其他的，就交给悬壶济世的医病圣手们好了。

"腑"原本就是指腑脏。按照《玉篇》的说法，最初的字形应该是"府"。因为"府"有"聚集、府库"等意思，所以，也可以用来表示脏腑。例如《黄帝内经·素问》：五藏已伤，六府不通。

fǔ

腑

像"脏、腑"这类在原字形基础上增加具有一定表义作用的偏旁构成新字的现象，在汉字发展的历史进程中屡见不鲜，例如：止——趾；然——燃；左——佐，等等。

"六腑"指的是胆、胃、大肠、小肠、三焦和膀胱。其主要生理功能是受纳、消化食物，并将糟粕排出体外。六腑在生理功能上密切配合，共同完成人体所摄入物质的消化、吸收、转输和排泄，而且具有在病理变化方面相互影响的特性。

"六腑"中的"三焦"是上焦、中焦和下焦的合称，指的是位于躯体和脏腑之间的空腔，包括胸腔和腹腔，人体的其他脏腑器官均在其中。但是对"三焦"实质的争论，至今尚无统一看法。

按照东汉张仲景《金匮要略》的说法：人身之藏府中阴阳，则藏者为阴，府者为阳。肝，心，脾，肺，肾，五藏皆为阴。胆，胃，大小肠，膀胱，三焦，六府皆为阳。

清代徐彬所著《金匮要略论注》则进一步解释说：五藏属里，藏精气不泻，故为阴。六府属表，传化物而不藏，故为阳。

"五脏六腑"显然是人体内脏器官综合的有机体，彼此依存，相互协调，共同承载着生命机体的正常运行。那么，每一个独立的脏器，它们各自又有哪些特点以及趣事呢？

二 "心"有思想吗

xin
心

"心"的甲骨文字形是心，像心房、心室以及心脏包络的样子。《说文解字》："心，人心也。在身之中，象形。"心脏是人体血液循环的枢纽，是人体最重要的器官，它意味着生命体征的存在。

在我国古代，人们认为"心"是掌管思维的器官，例如《孟子·告子》：心之官则思，思则得之，不思则不得也。"心"是主导思维的器官这种主张和认识，绝不是孟老夫子的一人之见、一家之言，而是充斥在古代社会的各个领域。我们从古代哲学、文学、医学等领域的文献典籍中，都不难找到类似的说法。可见，"心"在古人心目中的地位是何等重要。

也正是由于这种传统的偏离科学的认识，以至我们现在还能从方方面面感受到这种意识的痕迹。比如说，现在有许多汉字，明明是表示思维活动、情感态度的，却偏偏都以"心"作偏旁，例如"思、想、意、念、感、情、惊、慌"等等。此外，还有许多本来应该与大脑中枢有关，但是却积非成是的词语与说法，例如"心思、心算、心愿、费心、用心、专心、心里想、把心放宽"等等，甚至连研究大脑机制和思维活动的一门现代科学，也叫做"心理学"。

我们在此无意评价古人的科学认识，只是想从语言文字的角度和大家共享传统文化中某些有趣的现象。比如，清朝康熙年间，曾经发生过一桩焚书"公案"。大致情形是这样的：

当时一位名叫南怀仁的比利时来华传教士，他本来深得康熙皇帝赏识，是玄烨本人的科学老师，而且已经官居工部侍郎，正二品。但是，就是这样一位盛极一时的外族显臣，却因为编著了一本《穷理学》而受到冲击。根据清人董含《三冈识略》记载："有钦天监南怀仁者，上所著《穷理学》一书，其言以灵魂为性，谓一切知识记忆，不在于心而在头脑之内。语既不经，旨极刺谬，命立焚之。"

可见，再得宠的人物，一旦触及传统意识，也是难逃统治者的责罚的。不过，比起在《中质秘书》等著作中提出同样主张的湖广气功师朱方旦来说，南怀仁的运气够好了，因为朱公旦可是遭到了砍头的死罪，尽管他还曾给皇亲国戚以及一干当朝重臣诊过病、治过病。

"心"在传统文化中的重要性，除了体现在对其功能的扩大，同时也表现在它与人的天赋、秉性、素养等方面的密切关系。例如《周易·系辞》：圣人以此洗心，退藏于密，吉凶与民同患。主要观点就是，用自强不息的精神来使人的内心强大；中医则讲究"养心"，因为只有养心才能长寿；儒家推崇的是"正心"，强调做人要心胸坦荡，光明磊落，欲修其身，先正其心；道家则倡导"清心"，强调平和的心态以及和谐的环境；佛教则把一切精神现象都称为"心"，认为心是滋润万物的大地，因此，才有"心地"的说法，我们平常所说的"心地善良"即由此而来。

三　脏器与精神世界有什么关系

乍一想，按照传统观念，心脏与人的精神世界关系是最直接、最紧密的。仔细再一想，其实也不尽然，因为表示人的脾气、秉性、所爱、所想等等意思，涉及其他脏器的例子还真不少。

"肝"，《说文解字》：木藏也。说它是"木脏"，是因为它的五行属木。"肝"除了指肝脏，还可以跟其他脏器的名称合在一起表达新的意思。例如："肝脑涂地"多用来形容竭尽忠诚，不惜做出任何牺牲；而"肝胆相照"则是指关系密切，精诚合作；与"肝胆相照"意思相近的还有"披肝沥胆"，大致也是"真心相待、十分忠诚"的意思。

gān
肝

按照《黄帝内经·素问》"胆者，中正之官，决断出焉"，"胆"是负责做出决断的脏器，而做出大的决定，必然需要一定的勇气，因此，"胆"就具有了表示勇气的意思，比如"胆量、胆大包天、胆小如鼠"等。

dǎn
胆

由于胆汁味苦，所以"胆"还可以用来比喻困苦、挫折等，例如出自《史记·越王勾践世家》的典故"卧薪尝胆"。

"脾",《说文解字》：土藏也。显然，它的五行属土。"脾"是消化器官，也是参与人体新陈代谢的重要器官。现在我们常常把人的习性、性情称作"脾气"或"脾性"。当然，有些时候也用它们表示人的火气和怒气。这里面的原因大概是，因为"脾"掌管人体血液运行，如清朝沈目南编注的《沈注金匮要略》所言："人五脏六腑之血，全赖脾气统摄"，而血流的强弱一般会导致机体的兴奋或沉寂，所以就表现为人的激动、冲动或消沉，比如"血气方刚"等。

pǐ
脾

"肺"，《说文解字》：肺，金藏也。它五行属金，是人体呼吸系统的最重要器官。由于古人认为原本聚积在人体的胸中之气，与肺吸入的自然界清气相结合便成为"宗气"，而宗气具有"贯心脉"的作用，所以，"肺"也就间接地具有了掌控情感的功能。现在常见的"撕心裂肺、没心没肺"甚至"狼心狗肺"等说法，便是这种意识的残留。

fèi
肺

说起"肺"，我们平时写这个字的时候，还应当注意：它的右边是"市"，读作fú，中间为一笔贯通的"竖"；千万不能误写成"城市"的"市"。相同的例子还有"米芾"的"芾"和"充沛"的"沛"。

"肠"是人和动物体内一个重要的消化器官。在我国传统文化中，大概是由于肠道九曲十八弯，与人的心绪变化颇具相似性的缘故，它常常被用来形容人的心情或情绪等。例如辛弃疾《蝶恋花》：凉夜愁肠千百转。这便是"愁肠百转""愁肠百结"的心境。还有马致远《天净沙·秋思》：古道西风瘦马，夕阳西下，断肠人在天涯。这里的"断肠人"指的是漂泊天涯的游子，"断肠"

cháng
肠

则比喻伤心悲痛到了极致。再比如白居易《登西楼忆行简》"风波不见三年面，书信难传万里肠"，诗中的"肠"表达浓浓的思念之情；而苏轼的《汲江煎茶》"枯肠未易禁三碗，坐听荒城长短更"两句，则是用"枯肠"描写作者被贬之后，月夜在江边取水煎茶，而诗文创作的思路却枯竭了的情形。

我们现在也常常用"牵肠挂肚"形容对人的思念和牵挂；用"荡气回肠"形容优美的文章和乐曲感人至深，令人脏腑充盈激荡。

"腹"也是六腑之中"三焦"的一部分，俗称"肚子"。"腹"以肚脐为界，分为大小腹，也就是俗称的"肚子"和"小肚子"。

"大腹便便"非常形象地刻画出了脂肪堆积、体形肥胖的模样；而"枵（xiāo）腹从公"则表示饿着肚子处理公务，树立了克己奉公、一心为公的正面形象；"心腹"一词则是毁誉参半，基本意思是指亲信，但是，如果辅佐好人、好事，传递的就是正能量，而如果助纣为虐、为虎作伥，则是彻头彻尾的小人嘴脸；其他如"腹诽心谤"指内心不满、有意见，但是却并不表现出来；"推心置腹"比喻真心待人，意见毫无保留，等等。这些词语充分反映出在传统文化中，"腹"的重要性与表达的多样性。

"肚"是个多音字，读dǔ时，有"胃"的含义，而且特指动物的胃；读dù时，除了表示肚子，也可以表示思维、胸襟、气度等，比如"搜肠刮肚、小肚鸡肠、宰相肚里能撑船"等等。

"肚"与"胃"的关系比较直接。"胃"的金文字形为𦝫，上面就是"胃"的形状，下面是"肉月"。上面象形的部分就像一个容器，表明"胃"容纳食物的功能。《说文解字》：胃，谷府也。

的确，储存并消化食物和水，是胃的最主要功能。能吃能

fù

腹

dù

肚

wèi

胃

喝，往往意味着肚腹隆起，容易导致"将军肚"。当然，"胃口"除了实质性的饮食欲望，也用来比喻人的一切兴趣与欲望。例如《傅雷家书》：过惯淡泊生活的东方旧知识分子，也难以想象二十世纪西方人对物质要求的胃口。看起来，就像现在人们大都追求减肥健身一样，我们无论对美味，还是对其他心仪之物，都应当抱着适可而止的态度，不可欲求不满，更不能贪得无厌。

五脏之一的"肾"也是人体的重要器官，属于泌尿系统。主要作用是负责过滤血液中的杂质、维持体液和电解质的平衡，最后产生尿液并经由后续管道排出体外；同时也具备内分泌的功能以调节血压。

由于肾脏位于躯干的腰部，所以动物的肾也叫"腰子"。"腰"，本来的字义是"紧接肋或胸以下的部分"。例如《后汉书》：楚王好细腰，宫中多饿死。可见，后宫的嫔妃、宫女为了有个杨柳蛮腰以便讨好昏庸的君王，节食减肥连命都不爱惜了。

"腰"的古字其实是"要"。"要"的金文字形是𦥈，为两手叉腰形状，意思就是"人的腰"。例如《墨子·兼爱》：昔者楚灵王好士细要。

腰位于人体中部，所以"撑腰"意味着在关键之处予以支撑，借以表示给予强有力的支持，例如蔡东藩等《民国演义》：黎元洪大总统有了曹锟及各省督军撑腰，胆气陡壮。此外，以前人们常把装钱的褡裢挂在腰间，所以后来常用"腰缠万贯"表示非常富有。再有，挺直腰部会使人显得更加挺拔高大，所以与之相反的"折腰"往往意味着卑躬屈膝、丧失气节。例如李白《梦游天姥吟留别》：安能摧眉折腰事权贵，使我不得开心颜。还有《晋书·陶潜传》：吾不能为五斗米折腰，拳拳事乡里小人邪。

shèn

肾

yāo

腰

当然，"折腰"也并不全然是贬义，它也可以单纯表示弯腰或鞠躬行礼。例如《清史稿》：泰西使臣环请瞻觐，呈国书，先自言用西礼，折腰者三。而且由于这种礼节，它也可以表示"崇敬、倾倒"等意思，例如毛泽东《沁园春·雪》：江山如此多娇，引无数英雄竞折腰。

四　人体脏器与月亮有关系吗

　　有一个现象大家一定注意到了，那就是人体器官与身体部位的名称，其中不少都是以"月"作偏旁的，比如"脏、腑、肝、胆、脾、肺、肾、腰、肠、肚、腹、胃"等。那么，这究竟是什么原因呢？五脏六腑难道和月亮有什么关系吗？

　　其实，"月"这个偏旁有两个来源：一个是日月的"月"，甲骨文字形为)，像是未满的月亮；另一个实际上是"肉"，它的小篆形体为。但是，"肉"的这个小篆字形与"月"的小篆字形基本上看不出差别了。因此，当汉字发展到隶书、楷书阶段的时候，当作偏旁的"肉"与日月的"月"就完全合二为一了，例如"朦胧"和"肥胖"中的左偏旁就是同一种形体。

　　与此同时，按照传统医学观点，月亮的盈亏变化，也就是月相，确实与人体的状态存在着一定关系。例如《黄帝内经·素问》：月始生，则血气始精，卫气始行；月郭满，则血气实，肌肉坚；月郭空，则肌肉减。其中，"卫气"指的是运行于脉络之外，也就是运行于皮肤、肌肉之间的气。

yuè

月

而关于"卫气"的作用,《黄帝内经·灵枢》认为:卫气者,所以温分肉,充皮肤,肥腠理,司开阖者也。意思就是,卫气不但能温养内外一切脏器的肌肉组织,而且具有滋养腠理,开阖汗孔,护卫肌表,防御外邪入侵的作用。

这种月相影响人体的传统观念,其实也已经被现代医学所证实。现代科学主要从月球引力潮与地球磁场的相互作用着眼,并且经研究证实,月球引力潮及其与地球磁场的相互作用,会对人体的激素、体液和电解质等产生影响,从而导致生理、心理方面的某些变化,比如血压、心率的变化等,严重情况下还会引发疾病,甚至触发犯罪动机。

由此可见,传统文化的现代科学研究是非常重要的科研领域,等待着我们浸淫其中,不断探索与发掘。

接下来,我们还要简单说一说"月"当作偏旁时改变形体的现象。

当"月"在上下结构的汉字里面充当下边的偏旁时,第一笔"撇"一般都要变成"竖",例如"宵"和"肾"。这是汉字从美观角度出发,在结字过程中必然遵循的规律之一。类似的例子如"土"在其他汉字中充当左偏旁时,最后一笔也要把"横"变成"提"。

另外,按照"五脏"与"五官"的对应关系,"肾"主"耳"。因此,我们似乎也不应当遗漏五官之中的"耳"。

耳的甲骨文字形为 ᗡ,就是人外耳耳廓的形状。意思就是指人的、后来也指动物的耳朵。耳朵是重要的听觉器官,聆听言语便是其主要功能之一,因此,"耳顺"最初指的就是在听其他人说话的时候,能够听出其中微妙的意思。而要练就这种能力,

ěr

耳

并非一日之功，一般都要经过长时间的历练和积累，所以后来"耳顺"也表示"六十岁"的年纪。例如《论语·为政》：六十而耳顺。再比如清代梁绍壬《两般秋雨庵随笔·不白》：陈太仆句山先生，年逾耳顺，须尚全黑。

在传统文化中，聆听也是衡量人内在修养的重要方面，因此"圣"字过去的字形就包括耳朵。它的金文字形为𦔻，上面是"耳"与"口"，下面是人的形状。可见，古人以为的圣贤，就是既善听，又会说的人，二者缺一不可，正像"兼听则明，偏信则暗"所表示的意思一样。

我们虽然在智慧上比不了古代圣贤，但是从自身做起，了解、热爱，进而弘扬中华优秀文化，却是我们每一个中国人义不容辞之事。这就需要我们善用自己的耳与口，倾听、吸收优秀文化，呼吁、宣传文明传统。相信如果我们每个人都用"心"去做，全世界将为我中华文明"竞折腰"！

主要参考文献

曹先擢：《汉字文化漫笔》，第1版，178页，北京，语文出版社，1992。

傅永和　李玲璞　向光忠：《汉字演变文化源流》，第1版，1783页，广东，广东教育出版社，2012。

韩伟：《汉字字形文化论稿》，第1版，290页，北京，世界图书出版公司，2010。

陆宗达：《训诂简论》，第1版，207页，北京，北京出版社，2002。

裘锡圭：《文字学概要》，第1版，287页，北京，商务印书馆，1988。

施正宇：《原原本本说汉字——汉字溯源六百例》，第1版，320页，北京，北京大学出版社，2009。

王力主编：《王力古汉语字典》，第1版，1817页，北京，中华书局，2000。

王力主编：《中国古代文化常识》，插图修订第4版，265页，北京，世界图书出版公司，2008。

张德鑫：《数里乾坤》，第1版，396页，北京，北京大学出版社，1999。

左民安：《细说汉字》，第1版，574页，北京，九州出版社，2005。